藏書

珍藏版

山海经

于立文 主编

壹

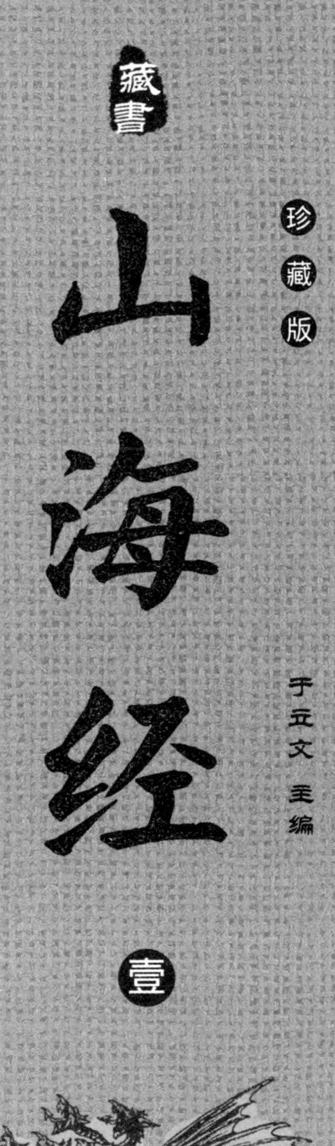

辽海出版社

图书在版编目（CIP）数据

山海经／于立文主编．—沈阳：辽海出版社，2016.11
ISBN 978－7－5451－3856－6

Ⅰ．①山… Ⅱ．①于… Ⅲ．①历史地理—中国—古代 Ⅳ．①K928.631

中国版本图书馆 CIP 数据核字（2016）第 259022 号

山海经

责任编辑：柳海松　段扬华
责任校对：顾　季
装帧设计：马寄萍
出 版 者：辽海出版社
地　　址：沈阳市和平区十一纬路 29 号
邮政编码：110003
电　　话：024－23284473
E － mail：dyh550912@163.com
印 刷 者：三河市天润建兴印务有限公司
发 行 者：辽海出版社
开　　本：787mm×1092mm　1/16
印　　张：144
字　　数：2304 千字
出版时间：2016 年 12 月第 1 版
印刷时间：2016 年 12 月第 1 次印刷
定　　价：1380.00 元

前　言

神秘奇异之图　达观博物之文

——千古奇书《山海经》

中华民族五千年的文明积淀，为我们留下了浩如烟海的古典书籍。"古之为书，有图有说"，因事绘图，据图立说，图文并举，从而使叙述更加生动、形象、可信，这是中国古老的文化传统。时至今日，我们仍将种类繁多的出版物统称之为"图书"，也可见中国古今编撰、出书的历史沿革与渊源。

《山海经》作为现存最古老的图书之一，它以其图文相辅而行、相互印证的独特叙事风格，开中国古老编书传统之先河。作为民族文化遗产的一部分，此书从内容到表现形式，都给后世留下了不少值得探索与研讨的神秘论题，留下了不少值得发掘与弘扬的宝贵财富。

《山海经》是伟大的中华文化宝库中令人瞩目的珍品，是中外无数读者公认的一部世界奇书。关于这部书的原创作者、成书经过、面世年代及流传与演变状况，可谓历来众说纷纭，莫衷一是。历代注家、评论家对原创的古本《山海经》都有过推论和评述，其中比较有代表性的说法可归纳为两种。一种观点认为，《山海经》的原创时代最早可推至大禹之世。所谓"大禹之世"，大致可推测至公元前 21 世纪，也就是中国社会正处于原始部落联盟解体，奴隶制社会兴起的时代。明代学者杨慎对此有较详细的论述。他在《山海经后序》中，先援引《左传·宣公三年》关于禹铸九鼎，"铸鼎象物，百物而为之备，使民知神奸"的记载，接着明确指出，九鼎图即是《山海经》的古图："此《山海经》之所由始也。……鼎之象则取远方之图，山之奇，水之奇，草之奇，木之奇，禽之奇，兽之奇。说其形，著其生，别其性，分其类。其神奇殊汇，骇世惊听者，或见，或闻，或恒有，或时有，或不必有，皆一一书焉。……九鼎既成，以观万国……则九鼎之图……谓之曰《山海图》，其文则谓之《山海经》。至秦而九鼎亡，独图与经存。……已今则经存：而图亡。"持这种观点的论者，虽然在某些细节方面亦有不同论列，但较为统一的意见是，《山海经》的原创为古图，产生于大禹之世。先有图，后有文，文为图的解说与补充。因此，其第一作者当属《山海经》原始图的创作者。可惜的是，在长期的辗转流传过程中，不仅原图的原创作者名已失传，图亦已亡佚不存。另一种观点则认为，《山海经》母本的创作与面世年代，当在战国至秦汉之际。当代史学家吕子方先生在《读＜山海经＞杂记》中谈到："屈原宗庙里壁画故事的脚本就是《山海经》，而且主要是《大荒经》。这不仅因为《天问》的内容许多取材于《山海经》，更重要的是，他看了描绘《山海经》的壁画故事才写出了这篇著名作品来的。"这里不仅阐明了《山海经》图所记述的故事与战国时期楚国先王庙壁画上故事的关系，将它们视为几乎是同时代的作品；还提出了屈原《天问》的创作是得益于《山海经》故事激发了灵感这一新的见解。考古学家曾昭燏等也曾明确指出："沂南画像石中有神话人物、奇禽异兽的计有 31 幅……记录神话人物、禽兽的书，以《山海经》为最完备。此经原亦有图。……我们揣测《山海经》原图，有一部分亦为大幅图画或雕刻，有类于今日所见画像石，故经文常云：某某国在某某国东，某某国在某某国北，某人方作某事，似专为记述图画而成文者。"（曾昭燏、蒋宝庚、黎忠义著《沂南古画像石墓发掘报告》）这是说《山海经》原图，有一部分当为大幅图画或雕刻，与创始于西汉、盛行于东汉的汉画像石类似，至于经文，则是专为这些古图而作的叙述与补充之文。

　　尽管上述两种观点还有待在今后的科研工作中进一步推究，《山海经》的确切成书经过、面世年代等疑难问题也还难以在一时一地断然破解，但是我们仍可从历代学者研究的基础上，勾勒出《山海经》这部奇书流传与演变的大致状况：《山海经》行世数千年，历来版本众多。有古图，有汉所传图，有据图而成的图文本、文字本。东晋文学家、训诂学家郭璞不仅曾为《山海经》作注，还留下了著名的《山海经图赞》，为后世研究图文本《山海经》提供了重要资料。东晋著名诗人陶渊明在归田隐居后，亦曾饶有兴致地读过《山海经》，"既耕亦已种，时还读我书"，诗人深得其中韵味，并写下了《读＜山海经＞》组诗十三首，流诵至今。但后来，东晋以前的《山海经》古图均已散佚，独经文得以传世。到南朝时，著名画家张僧繇曾画《山海经图》十卷，相隔四百多年后，北宋校理（在朝担任校理经史书籍之职）舒雅于咸平二年（公元999）又将此图重绘为十卷。从历代注家的考释及多种版本的《山海经》序言中，我们可以得知，张僧繇、舒雅所绘的《山海经》图已与郭璞、陶渊明所见的古图不尽相同了。遗憾的是，这些古本《山海经》图文刊本，在长期的刊刻翻印过程中，都逐渐散亡，不存于世。我们现在能看到的古刻本，主要是明清时期的刊刻本。明清之际，再次出现了研究《山海经》的热潮，当此之时，《山海经》图本及文字本刊布甚广，注本亦颇多。影响较大的有：明代蒋应镐《山海经（图绘全像）》绘图本、明代王崇庆《山海经释义》图文本、明代胡文焕《山海经图》格致丛书图本、清代吴任臣《增补绘像山海经广注》图文本、清代汪绂《山海经存》校释印本、清代毕沅《山海经》图注原本、清代郝懿行《山海经笺疏》石印图文本等。明清时期流传下来的这些古图本和文字刊本，不仅保存了古代学者大量的有关研究成果，也保留了此前古本的遗风遗韵，是我们进一步研究《山海经》、进而破解书中之迷不可缺少的可贵资料。

《山海经》行世千百年来，之所以一直盛传不衰，不仅因为它留下了一连串难以定论的问题，诸如上述原创作者、成书经过等悬而未解的疑问，长久吸引着历代学人不断探讨与推论，更在于它本身所具有的集大成之迷人特色，不断引发历代读者研读与收藏的浓厚兴趣。这部上古奇书内容宏富，气象万千。所叙事物，奇诡多变，光怪陆离，所述山海，气势磅礴，绵延数万里，大有纵观天下山林河海，览尽古今八方世事之气概。神气多姿的《山海经》图，结构简洁、线条明快，写实而不失象征，古朴而犹显神韵，粗犷而不失意境，仍保留了已失传的古图风貌。达观博物的《山海经》文，以其细致的观察、大胆的想象、惟妙惟肖的描述，娓娓道来的纯朴行文，记录下了远古时代的山海万物、奇闻奇事，是远古文化的反映：而流溢于字里行间的那种认真与诚恳的写作态度，无不引领读者一道去寻思，一道去感受那旷古遥远而奇异的世界曾经发生过的史实与神奇故事，从而更增益了此书令人信服的诚信度，提高了它的阅读价值。《山海经》以亦图亦文的方式，记载了五百余座名山的名称、地理位置，三百余条河道的名称、河流发源地及流向，四十多个方国的名称及远方异民的习俗、人情，一百多个历史神话人物，一百余种药用动植物，四百余种神怪异兽，并保存了大量著名的远古神话传说。可谓描尽变幻无穷的名山大川、功用奇效的林木花草、兴风作雨的精物神灵、骇世惊听的畏兽奇鸟、稀闻少见的异鱼怪蛇、蕴藏丰厚的物产资源……宇宙之寥廓，万物之纷纭，造物之天工，自然之灵化，都在《山海经》图文的关照之中。其中有探索，有追求，有对民生的深切关爱，有对生活的美好向往，有对生存环境的描绘与期待，有对大自然造化天工的真诚赞美，有对自然界未知现象的朴素理解与猜测，表现了古代先民改造世界、勇于与自然力抗争的大无畏精神。这部古典图文珍品，使中国文化界第一次以自己特有的方式，向世界宣告了古老中华大地的神奇发现，将远古初民的生活状况、生存场景一一展现在世人面前，并讲述着中国古代先民们在追寻心中的梦想、追求理想的未来时所发生的一个个离奇而动人心魄的故事。

《山海经》蕴涵着深厚的中国历史文化，对中国古代文化的传承有着不可低估的作用。中国历代史学家、文学家、诗人、画家、地理学家、考古学家、考据学家等多种学科的许多学者、文人，都从这部书中找寻过参考资料，选取过著述的素材，吸收过创作的养分。自古以来，《山海经》重要的历史地理价值就备受读者推重。

早在东汉时，此书就被当作一部最古的地理著作，受到朝野重视。据《后汉书·王景传》载：永平十二年（公元 69），朝议修渠筑堤、防洪治水。汉明帝刘庄特赐给王景《山海经》、《河渠书》、《禹贡图》，派他去主持兴修水利工程。可见当时人的确是把《山海经》作为对修治河道堤防有指导作用的地理书而阅读使用过的。东晋时，郭璞为《山海经》作注过程中，曾列举经文中所记山川地理方位与现实中山川可相互对应的一些例证，肯定了此书地理学方面的实用价值，拓展了从地理学角度研究《山海经》的视野。

今天，我们依据五篇《山经》中所记述的四百四十余座名山及二百五十余条河道，去寻找现今存在的有关名山大河，并比照其对应关系，竟发现有三百六十余座山如今仍可大致探明其方位；而长江、黄河、淮河、湘江、汉水、渭水等与那些名山紧密相关的二百余条河道。大多也是现今仍在奔涌不息的河流。不妨设想一下，《山海经》的原创作者们，身处文字并不发达的上古时代，如果没有吃苦耐劳、万里跋涉的非凡经历，没有实地考察的求真务实精神，怎么可能获得如此明确的山川名称、具体方位以及路经里程地貌物产等具有实用价值的资料？

北魏地理学家郦道元正是继承了这种坚韧不拔的求实精神，对大量山川进行实地勘察，对一千多条水道穷源竟委，并据图以为文，才写出了全面而系统的综合性地理巨著《水经注》。可以说，自东汉以来，直到近现代乃至当代，从地理学角度研究《山海经》的学者代不乏人，这一研究领域的成就也堪称硕果累累。

浏览我国异彩纷呈的文学艺术长廊，从《诗经》、《楚辞》、汉赋，到魏晋以降蔚为壮观的诗词、散文、戏剧、小说、绘画等各门类的一些优秀作品中，我们会发现有许多名物、素材内容，以至现实主义与浪漫主义相结合的创作手法，都与《山海经》有明显的渊源关系。《山海经》中一些关于史前时期祖先和世系的传说，记述可谓井井有条，不乏古代民俗文化资料。所涉及的人物如：炎帝、黄帝、西王母、风伯、雨师、祝融、耕父、颛顼等等，他们有的是原始宗族祭祀崇拜的对象，有的是远古传说中的人物，有的相传是汉民族的祖先。因此，这些记述既可看作远古先帝的原始世系家谱，也是充满神秘色彩的神话传说。其中有许多神话传说故事，不但情节完整，题材也积极向上。如："精卫填海"（《北山经》）、"刑天舞戚"（《海外西经》）、"夸父逐日"（《海外北经》）、"大禹治水"（《大荒北经》）等故事，都不乏言外之意，韵外之致。"精卫衔微木，将以填沧海。刑天舞干戚，猛志故常在"，"夸父诞宏志，乃与日竞走"（陶渊明《读＜山海经＞》十三首），大禹治洪水，布土定九州……这些美丽动人的故事，正集中体现了中华民族百折不挠的奋斗精神、追求真理的求实精神、守职敬业的奉献精神。这种精神，神力殊妙，功在后世。这些故事，犹如历史的多棱镜，从不同角度折射出远古先民的社会生活与心态，同时也是作者们以及他们所处的时代一曲曲深沉悠远的牧歌，是传唱至今的民族生命力永恒的赞歌，因而具有强大的生命力。

古往今来，无数学者曾对《山海经》这部奇书探究要旨、考释名物、订正讹谬，并企望从某一学科的角度概括出其性质：或特注重其中的历史地理学价值，故称之为一部最古的地理著作；或独青睐其中的神话传说故事，故称之为一部上古神话集；或犹珍视其中有关祭祀先祖、神灵的记述，故称之为一部古代的巫书。综观《山海经》，这些见解虽然都各有侧重，"自成一家之言"，但都很难独自概括《山海经》这部千古奇书的丰富内容和属性。

正是《山海经》所具有的集大成之特色，决定了这部书的多样性、复杂性、兼容性、实用性。因此，当今也有许多论者称之为中国古代的一部百科全书。它像一座知识的矿藏，储藏着历史、地理、文学、医学、宗教、民俗、绘画艺术、神话传说、奇闻佚事、杂论等多方面的宝贵知识. 我们应该避免那些以偏概全的定性思维，从多视角、多学科、多领域、全方位去开发先民留下的这座富矿。追索其来龙去脉，探讨其叙事风格，比较其古今异同，揭示其遗风遗韵，阐发其文化底蕴，从而进一步理解《山海经》博大精深的意蕴，使它多方面的价值得以全面研究、开发与利用。"泛览周王传，流观山海图，俯仰终宇宙，不乐复何如?"当年，"采菊东篱下"的陶渊明已深得品读《山海经》的乐趣，今天，我们在繁忙的工作之余，以全新的眼光静下心来再读一读《山海经》，一定会让读者在愉悦中获取知识、启迪心智、丰富想象、增广见闻、扩展视野，受益良多。

目　录

第一卷　南山经

　　此篇题目为编者所加，目的是使读者阅读方便。后几篇也是如此，如"西山经"、"北山经"、"东山经"、"中山经"，也分别加了"西山一经"、"北山一经"、"东山一经"、"中山一经"等标题。

　　《南山经》共有三篇：《南山一经》、《南次二经》、《南次三经》。它们主要记载了位于中国南方的一系列山系，以及从这些山脉发源的各条河流。这些山川河流大致位于今天的浙江舟山群岛以西、湖南西部以东、广东南海以北。在这些地域中孕育着多种多样的植物、动物和神灵，同时还蕴藏了各种珍贵的矿产。

　　《南山经》记载了各种奇异的动植物，如有一种兽，它的外形像狐狸，却长着九条尾巴，就像通常说的"九尾狐"，它的叫声像婴儿哭，能吃人，但人吃了它的肉就不会遭受毒气的侵袭。经中很多记载的真伪都难以考证，但是，它为我们展现了一个瑰丽而奇异的世界。

南山一经路线示意图

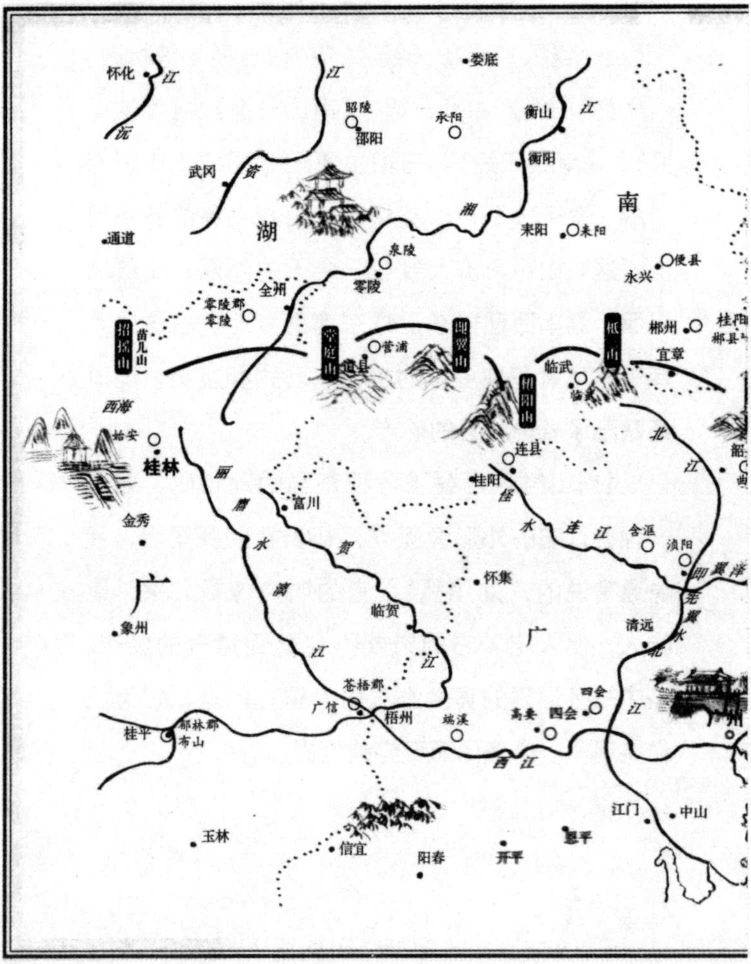
怀化
江
沅
江
昭陵
邵阳
娄底
永阳
衡山
江
衡阳
武冈
资
湖
湘
南
耒阳
耒阳
通道
泉陵
零陵
便县
永兴
全州
零陵郡
零陵
招摇山
（苗儿山）
堂庭山
营浦
道县
即翼山
柢山
郴州
宜章
临武
临武
杻阳山
西海
始安
桂林
连县
北
江
丽
桂阳
富川
金秀
水
贺
怪
水
连
江
含洭
浈阳
漓
怀集
广
象州
临贺
江
广
清远
江
苍梧郡
四会
广信
梧州
端溪
高要
四会
桂平
郁林郡
布山
西
江
江门
中山
玉林
信宜
阳春
开平
恩平

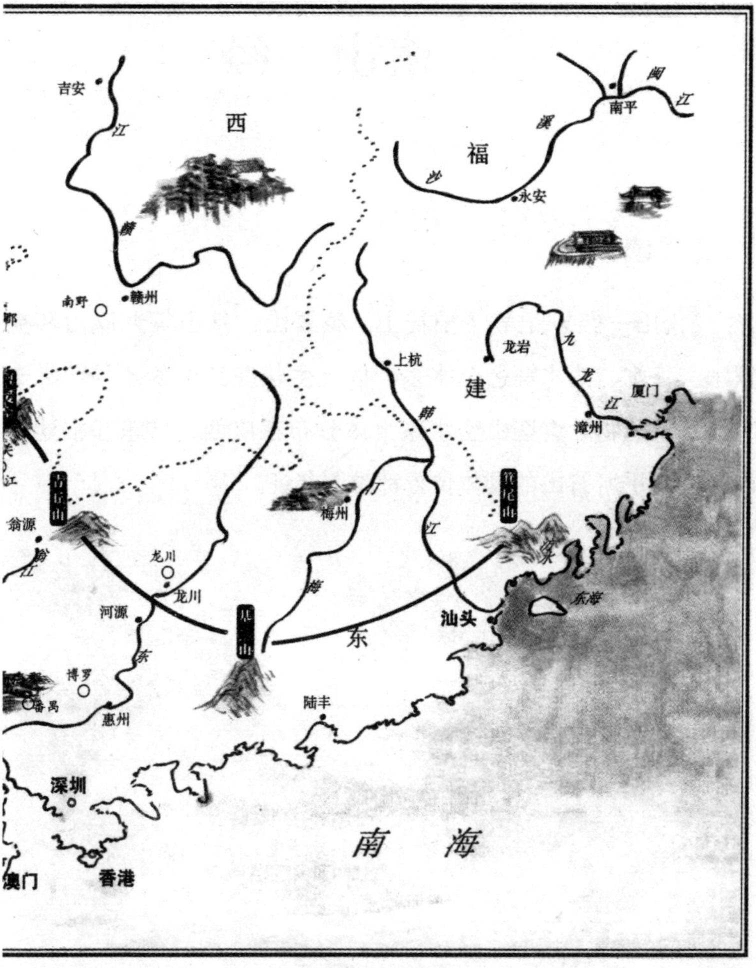

吉安
西
闽
江
南平
溪
福
赣
江
永安
沙
南野
赣州
上杭
龙岩
九
建
龙
江
厦门
韩
漳州
翁源
龙川
梅州
汀
箕尾山
柘林
河源
东
汕头
东海
博罗
陆丰
番禺
惠州
深圳
南　海
澳门
香港

一、南山一经

【导读】

《南山一经》记载了招摇山、猿翼山、基山等九座山和宪翼水、英水、沴水等七个水系，以及生长在其中的各种珍稀奇特的草木植物。这些山峦水系大体分布在广西、广东和福建境内，但几乎所有山的具体位置都难以考证。

【原文】

1.1　南山经之首①，曰鹊山②。其首曰招摇之山③，临于西海之上④，多桂⑤，多金玉。有草焉，其状如韭而青华⑥，其名曰祝余⑦，食之不饥。有木焉，其状如榖而黑理⑧，其华四照，其名曰迷榖⑨，佩之不迷。有兽焉，其状如禺而白耳⑩，伏行人走，其名曰狌狌⑪，食之善走。丽之水出焉⑫，而西流注于海⑬，其中多育沛⑭，佩之无瘕疾⑮。

【注释】

①经：指经典或某些学科的专门性著作。一说指经历；一说是衍文。

②鹊山：上古时期山系名。一说指南岭山脉；一说是今广西漓江上游的猫儿山。

③招摇之山：招摇山。此山大致在今广西或广东境内。

④西海：水名，在今广西境内。

⑤桂：桂花树。

狌狌

⑥华：同“花”。

⑦祝余：一说指山韭菜；一说指天门冬。

⑧榖（gǔ）：构树。理：纹理。

⑨迷榖：一说指榖树；一说特指雌性榖树。

⑩禺：猴类，似猕猴而较大。

⑪狌狌（xīng）：猩猩。

⑫丽（jǐ）之水：丽水。一说指今广东的连江；一说指漓江；一说指位于广西的钦江。

⑬海：一说指西海；一说指南海。

⑭育沛：一说指琥珀；一说指一种外形像龟的爬行动物。

⑮瘕（jiǎ）：腹中结块的病。

【译文】

南山经中的第一列山系，名叫鹊山。鹊山的首座山，名叫招摇山。它紧靠西海，山上长有许多桂树，还有许多金和玉。山中有一种草，形状像韭菜，开青色的花，名字叫祝余，人吃了它，就不会感到饥饿。山中还长有一种树，它的形状像构树，树上有黑色的纹理，开的花能发光，可以照亮四周，它的名字叫迷榖，把它佩戴在身上就不会迷路。山中有一种野兽，长得像猕猴，但耳朵是白色的，趴着身子走路，还能像人一样直立行走，它的名字叫狌狌，人吃了它的肉，能跑得更快。丽水发源于招摇山，向西流入大海，水中有很多育沛，把它佩戴在身上，就不会患上由寄生虫引起的病。

狌狌　清　汪绂图本

【原文】

1.2　又东三百里，曰堂庭之山[1]，多棪木[2]，多白猿，多水玉[3]，多黄金。

【注释】

①堂庭之山：指堂庭山，大体在湘粤交界处。

②棪（yǎn）：果木名，果实像苹果。

③水玉：水晶。

【译文】

再向东三百里有座山，名叫堂庭山，山中生长着很多棪木，生活着很多白猿，还有很多水晶和黄金。

白猿

山海经 动 物 古今考	《山海经》中名称	今考
	狌狌	猩猩
	白猿	猿猴

白猿　明　蒋应镐绘图本

【原文】

1.3　又东三百八十里，曰猿翼之山[①]，其中多怪兽，水多怪鱼，多白玉，多蝮虫[②]，多怪蛇，多怪木，不可以上。

怪蛇

【注释】

①猿翼之山：猿翼山。一说是今广东云开山；一说是今湖南境内的一个山系。

②蝮虫：蝮蛇，一种毒蛇。

【译文】

再向东三百八十里有一座山，叫猿翼山，山里有很多怪兽，水中有很多怪鱼，山上有很多白玉、蝮蛇、怪蛇，还有很多怪异的树木，人不能攀登上去。

蝮虫　明　蒋应镐绘图本

【原文】

1.4 又东三百七十里，曰杻阳之山①，其阳多赤金，其阴多白金。有兽焉，其状如马而白首，其文如虎而赤

尾②，其音如谣，其名曰鹿蜀③，佩之宜子孙。怪水出焉④，而东流注于宪翼之水⑤。其中多玄龟，其状如龟而鸟首虺尾⑥，其名曰旋龟，其音如判木⑦，佩之不聋，可以为底⑧。

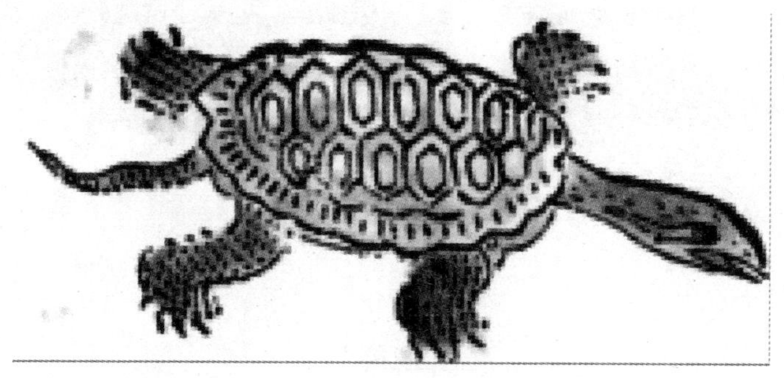

旋龟

【注释】

①杻（niǔ）阳之山：杻阳山。一说指今广东连县北的方山；一说指今广东的鼎湖山。

②文：花纹。

③鹿蜀：一说指斑马；一说是鹿的一种。

④怪水：一说指位于今广东的一条河流；一说指形状怪异的河流。⑤宪翼之水：宪翼水，可能在今广东境内。

⑥虺（huǐ）：一种毒蛇。

⑦判木：劈开木头。

⑧为：治疗。底：同“胝（zhī）”，指手脚上的茧子。

鹿蜀

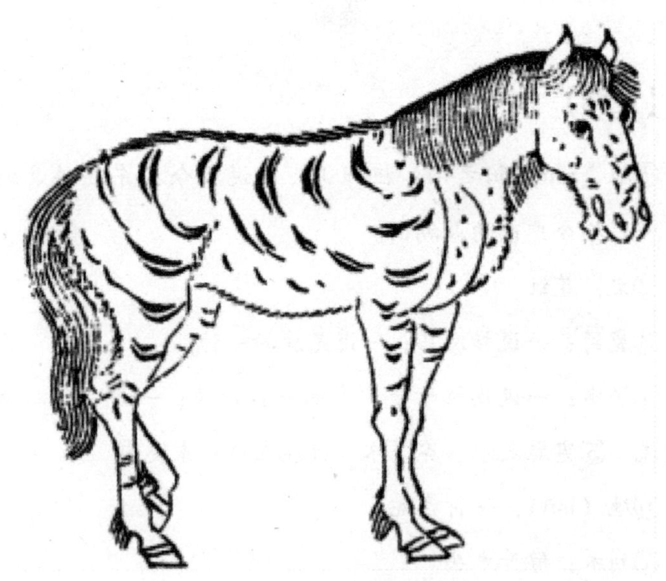

鹿蜀　明　胡文焕图本

【译文】

再向东三百七十里有座山，名叫杻阳山。山的南面有很多赤金，山的北面有很多白金。山里有一种兽，形如马，头为白色，身上有老虎一样的花纹，而且还有红色的尾巴，发音就像唱歌一样，它的名字叫做鹿蜀，佩戴它的皮毛能福延子孙。有一条怪水出自杻阳山，向东流入宪翼水。水中生有很多黑色的龟，形状像乌龟，脑袋像鸟，尾巴与蛇的尾巴相似，这种动物叫做旋龟，它发出的声音就像劈木头的声音一样，佩戴它可以防止耳聋，还能医治手脚上的老茧。

旋龟

山海经地理古今考	《山海经》中名称	今　考
	招摇之山	大体在中国广东、广西一带
	猿翼之山	一说是广东省的云开山；一说是在今湖南省境内
	杻阳之山	一说是广东省连县北部的方山；一说指今广东省的鼎湖山

旋龟　明　蒋应镐绘图本

【原文】

1.5　又东三百里，曰柢山①，多水，无草木。有鱼焉，其状如牛，陵居，蛇尾，有翼，其羽在下②，其音如留牛③，其名曰④，冬死而夏生⑤，食之无肿疾⑥。

鲢鱼

【注释】

①柢（dǐ）山：山名，在今广东境内。

②羽：鸟虫的翅膀。（qū）：鱼胁，鱼的肋骨部位。

③留牛：一说指瘤牛；一说指犁牛。

④（lù）：鱼名。一说指穿山甲。

⑤冬死：冬眠。

⑥肿：毒疮。

【译文】

再向东三百里有座山，名叫柢山，柢山有很多水，山上没有草木。山中有一种鱼，形状像牛，生活在丘陵之上，有蛇一样的尾巴，有翅膀，长于胁下，叫声如留牛一般，它的名字叫做，冬眠夏醒，吃了它的肉，人就不会再长毒疮。

鲑鱼　清　汪绂图本

【原文】

1.6　又东四百里，曰亶爰之山^①，多水，无草木，不可以上。有兽焉，其状如狸而有髦^②，其名曰类^③，自为牝牡^④，食者不妒。

【注释】

①亶（chán）爰（yuán）之山：亶爰山，在今广东境内。

②狸：山猫。髦：头发。

③类：大灵猫。

④牝（pìn）牡（mǔ）：雌性和雄性。

类

类　明　蒋应镐绘图本

【译文】

再向东四百里有一座山，叫做亶爰山。山里多水，没有草木，人们不能攀登上去。山里有一种兽，形状长得像山猫，头上有发，这种兽叫做类，它一身兼有雌雄两性，人吃了它的肉，就不会嫉妒。

山海经地理古今考	《山海经》中名称	今 考
	柢山	今广东省境内的大罗山
	亶爰之山	一说在广东省南雄市境内；一说是广东省新丰县的九连山，是赣江与东江、东江与瀹江的分水岭

山海经动物古今考	《山海经》中名称	今 考
	蝮虫	蝮蛇
	留牛	一说指瘤牛；一说指犁牛

【原文】

1.7 又东三百里，曰基山①，其阳多玉，其阴多怪木。有兽焉，其状如羊，九尾四耳，其目在背，其名曰㪍訑②，佩之不畏。有鸟焉，其状如鸡而三首、六目、六足、三翼，其名曰𪁩鵂③，食之无卧④。

【注释】

①基山：山名，在今广东境内。

②猼（bó）訑（tuó）：传说中的一种兽。

③鸠（chǎng）鹏（fū）：传说中的一种鸟。

④无卧：不想睡觉。

猼訑

猼訑　清　毕沅图本

【译文】

再向东三百里有座山，叫做基山。山的南面有许多玉石，北面长有很多怪木。山中有一种兽，形状如羊一般，有九条尾巴、四只耳朵，眼睛长在背上，它的名字叫獉，佩戴上它的皮毛，人就会无所畏惧。山中有一种鸟，形状像鸡，却有三个脑袋、六只眼睛、六条腿、三只翅膀，它的名字叫做，人吃了它的肉，就不想睡觉了。

鸺鹠

鸺鹠　清　汪绂图本

【原文】

1.8　又东三百里，曰青丘之山[1]，其阳多玉，其阴多青䨼[2]。有兽焉，其状如狐而九尾，其音如婴儿，能食人，食者不蛊[3]。有鸟焉，其状如鸠[4]，其音若呵[5]，名曰灌灌，佩之不惑。英水出焉，南流注于即翼之泽[6]。其中多赤[7]，其状如鱼而人面，其音如鸳鸯，食之不疥[8]。

【注释】

①青丘之山：青丘山，可能是今福建西北的武夷山。

②青䨼（huò）：青色的可做颜料的矿物。

③蛊：毒热恶气。

④鸠：鸟名。常见的有斑鸠。

⑤呵：大声斥责。

⑥即翼之泽：即翼山中的湖泽。

⑦赤：传说中的一种鱼。

⑧疥：疥疮。

九尾狐

【译文】

再往东三百里有座山，叫做青丘山。山的南面有很多玉石，山的北面有许多可做青色颜料的矿物。山中有一种野兽，形状像狐狸，长着九条尾巴，发出的声音就像婴儿的啼哭声，能吃人，人吃了它的肉，就不会受毒气侵袭。山中有一种鸟，形状像鸠，叫声像人们大声斥骂的声音，这种鸟的名字叫灌灌，把它的羽毛佩戴在身上，人就不会迷惑。英水发源于青丘山，向南流入即翼泽。英水中有很多赤，形状和鱼相似，长着人一样的脸，发出的声音就像鸳鸯的鸣叫，人吃了它的肉，就不会生疥疮。

九尾狐

九尾狐　清　汪绂图本

九尾狐　明　蒋应镐绘图本

【原文】

1.9　又东三百五十里，曰箕尾之山①，其尾踆于东海②，多沙石。汸水出焉③，而南流注于淯④，其中多白玉。

【注释】

①箕（jī）尾之山：箕尾山，可能在今福建东部。

②踆：通"蹲"。

③汸（fāng）：水名，可能指位于福建福安县南注于三都澳的交溪。

④淯（yù）：水名。一说指闽江。

【译文】

再向东三百五十里，有座箕尾山。山的尾部坐落在东海海边，山上多沙石。汸水发源于此山，向南流入淯水，汸水之中有很多白玉。

【原文】

1.10　凡鹊山之首，自招摇之山以至箕尾之山，凡十山，二千九百五十里。其神状皆鸟身而龙首。其祠之礼：毛用一璋玉瘗①，糈用稌米②，白菅为席③。

【注释】

①毛：祭祀时用的带毛的动物。璋：一种玉器，形状像珪的一半。瘗（yì）：埋。

②糈（xǔ）：祭神用的精米。稌（tú）：稻子。特指粳稻和糯稻。

③菅（jiān）：菅茅。

龙身鸟首神

【译文】

总计鹊山这个山系，从第一座山招摇山算起，一直到箕尾山为止，总共有十座山，长度为二千九百五十里。（这十

26

座山）每座山的山神形状都是鸟身龙头。祭祀山神的仪式是：把带毛的动物和一块玉璋一起埋入地下，用糯米作为祭神用的精米，用白茅作为草席铺在山神座下。

龙身鸟首神　明　蒋应镐绘图本

	《山海经》中名称	今　考
山海经地理古今考	鹊山	一说指岭南山脉；一说指漓江上游的猫儿山
	青丘之山	可能是今福建省西北部的武夷山，此山位于中国江西、福建两省境内
	箕尾山	可能指今位于福建省福鼎市境内的太姥山

南山二经路线示意图

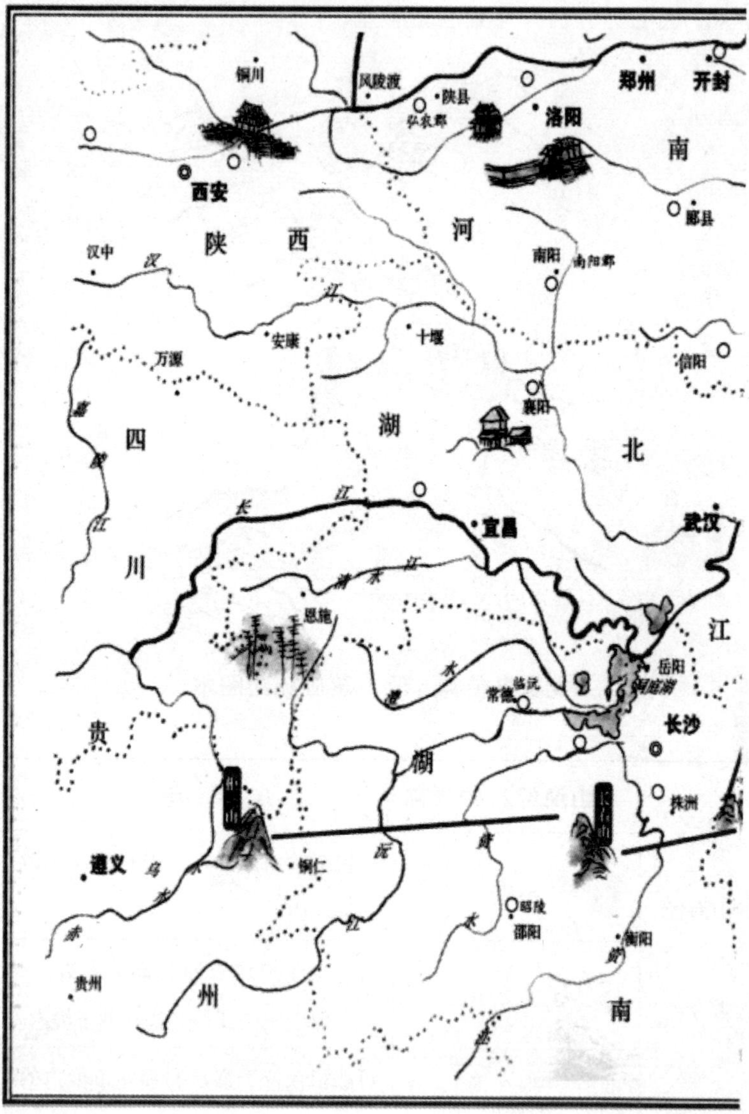
铜川
风陵渡
陕县
弘农郡
郑州
开封
洛阳
西安
南
陕
西
河
汉中
汉
江
南阳
南阳郡
安康
十堰
万源
信阳
襄阳
四
湖
北
长
江
宜昌
武汉
川
清
水
江
恩施
澧
水
临沅
常德
岳阳
洞庭湖
江
长沙
贵
湖
株洲
遵义
乌
江
铜仁
沅
资
水
昭陵
邵阳
衡阳
赤
水
贵州
州
南

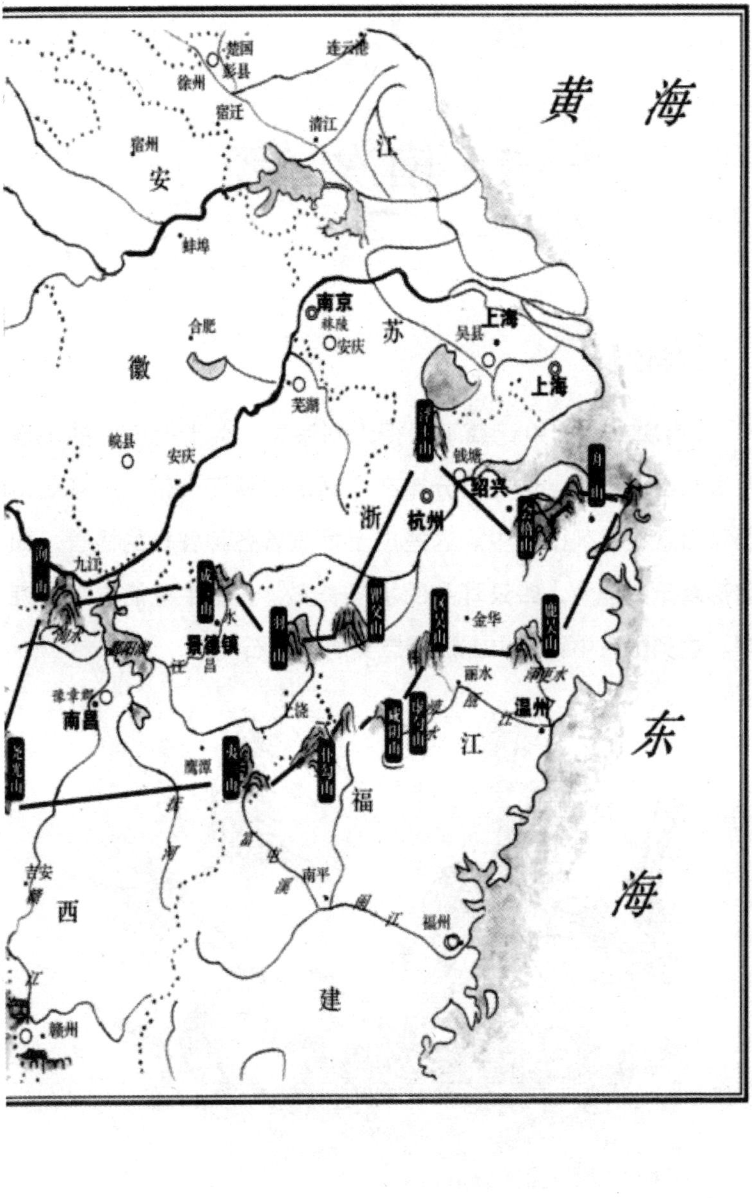

黄海
东海
江
苏
安
徽
浙
福
建
西
楚国
彭县
徐州
宿迁
宿州
清江
连云港
蚌埠
合肥
南京
秣陵
安庆
吴县
上海
上海
芜湖
皖县
安庆
九江
钱塘
绍兴
杭州
金华
丽水
温州
瓯江
冯水
景德镇
昌
南昌
豫章郡
鹰潭
上饶
南平
福州
吉安
赣州

二、南次二经

【导读】

　　《南次二经》中记载了从柜山到漆吴山共十七座山的地理位置和山川风貌，这些山分布在今湖南到浙江一带。中华名山会稽山就在这列山系中。这些山上栖息着各种各样的怪兽，如猪形鸡足的狸力，四只耳朵的水怪长右，长着牛尾能吃人的彘等。这列山系中许多山上还盛产美丽的玉石。

【原文】

1.11　南次二经之首①，曰柜山②，西临流黄③，北望诸④，东望长右⑤。英水出焉，西南流注于赤水⑥，其中多白玉，多丹粟⑦。有兽焉，其状如豚，有距⑧，其音如狗吠，其名曰狸力⑨，见则其县多土功⑩。有鸟焉，其状如鸱而人手⑪，其音如痹⑫，其名曰鴸⑬，其鸣自号也，见则其县多放士⑭。

狸力

【注释】

①南次二经：南山经中的第二经。

②柜（jǔ）山：山名。一说是与武夷山相连的仙霞岭；一说指湖南西北部的某座山。

③流黄：古国名。

④诸（pí）：一说为山名，一说为水名。

⑤长右：山名，可能是今湖南雪峰山中段。

⑥赤水：水名，此水位于闽江上游。

⑦丹粟：朱砂。

⑧距：雄鸡爪子后面突出像脚趾的部分。

⑨狸力：传说中的一种兽。

狸力　清　汪绂图本

鹌

⑩土功：指治水、筑城、建造宫殿等工程。

⑪鸱（chī）：鹞鹰。

⑫痹（bēi）：鸟名。

⑬鹄（zhū）：传说中的一种鸟。

⑭放士：被流放的人。

【译文】

南次二经中的第一座山，名叫柜山，它西面紧靠流黄，北面能望见诸，东面能看到长右山。英水从柜山发源，向西南流入赤水，水中有许多白玉和朱砂。山中有一种野兽，形状如小猪一般，爪子像鸡爪子一样，发出的声音像狗叫声，它的名字叫狸力，它出现在哪个县，哪个县就会大兴土木。有一种鸟，它的形状像鹞鹰，长着人一样的手，声音如同痹鸣一般，它的名字叫，它叫起来，就像是在喊自己的名字，它在哪个县出现，哪个县就会有许多人遭到流放。

鸩　明　胡文焕图本

【原文】

1.12 东南四百五十里，曰长右之山[1]，无草木，多水。有兽焉，其状如禺而四耳[2]，其名长右，其音如吟，见则郡县大水。

【注释】

①长右之山：长右山。一说在今湖南雪峰山中段。
②禺：猴类的一种，似猕猴而较大。

长右

【译文】

往东南四百五十里有座山，叫做长右山。山里没有草木，山间多水。山中有一种兽，形状像猕猴，长着四只耳朵，它的名字叫长右，它发音时像是人在呻吟，它出现在哪个县，哪个县就会发生大水灾。

长右　清　汪绂图本

【原文】

1.13 又东三百四十里，曰尧光之山①，其阳多玉，其阴多金。有兽焉，其状如人而彘鬣②，穴居而冬蛰，其名曰猾③，其音如斲木④，见则县有大繇⑤。

猾褢

【注释】

①尧光之山：尧光山，在湘赣鄂一带。

②彘：猪。鬣（liè）：马、狮子等颈上的长毛。

③猾（huái）：一种兽。

④斲（zhuó）：砍、削、斫。

⑤繇：通"徭"，徭役。

【译文】

再往东三百四十里有座山，名叫尧光山。山的南面有很多玉，山的北面有很多黄金。山里有一种兽，形状像人，长着猪

裹猾　明　胡文焕图本

一样的鬃毛，在洞穴里居住，冬天蛰伏起来，它的名字叫猾，它的叫声如同砍木头时发出的声音。它在哪个县出现，哪个县就会有劳役之灾。

	《山海经》中名称	今　考
山海经地理古今考	长右山	可能是今湖南省雪峰山中段，此山主体位于湖南省的中部和西部
	尧光山	一说指湘赣边界的景阳山；一说指湘鄂边界的武功山

【原文】

1.14　又东三百五十里，曰羽山[①]，其下多水，其上多雨，无草木，多蝮虫[②]。

【注释】

①羽山：山名。一说在今浙江境内；一说在今江西境内。

②蝮虫：蝮蛇，一种毒蛇。

【译文】

再向东三百五十里有座山，名叫羽山，山下多水，山上雨量充沛，不长草木，有很多蝮蛇。

【羽山】

远古洪荒年代，地上的人做了错事，天帝便降下洪水以示惩罚，人们几乎无处生存。天帝的孙子鲧看到百姓所受的苦难，心痛难忍，于是决定平息洪水，解救苍生。他偷了天帝的息壤到下界堵塞洪水。这息壤十分神奇，只要丢出一小块，马上就会变成大片的高山长堤，洪水淹不到这些地方，只能顺着沟壑流走。天帝很快知道了这件事，勃然大怒，把鲧杀死在羽山的郊外，并收回了息壤，人间从此又是漫天洪水。鲧死后三年身体不化，天帝知道后命人剖开了他的肚子，一条虬龙飞出，直上云霄，这就是大禹。天帝后来命令大禹治理洪水，疏通河道。大禹花了十三年的时间，终于降伏了洪水。

【原文】

1.15　又东三百七十里，曰瞿父之山①，无草木，多金玉。

【注释】

①瞿父之山：瞿父山，在今浙江境内。

【译文】

再往东三百七十里，有座瞿父山，山上不长草木，有很多金和玉。

【原文】

1.16　又东四百里，曰句余之山①，无草木，多金玉。

【注释】

①句余之山：句余山，在今浙江境内。

【注释】

①句余之山：句余山，在今浙江境内。

【原文】

1.17　又东五百里，曰浮玉之山①，北望具区②，东望诸③。有兽焉，其状如虎而牛尾，其音如吠犬，其名曰彘，是食人。苕水出于其阴④，北流注于具区，其中多鮆鱼⑤。

【注释】

①浮玉之山：浮玉山，即今浙江境内的天目山。

②具区：水名，今太湖。

③诸毗（pí）：一说为山名，一说为水名。

④苕（tiáo）水：苕溪。

⑤鮆（jì）鱼：刀鱼。

【译文】

再向东五百里，有座浮玉山，北面能看到太湖，东面能看到诸。山中有兽，形状像老虎，尾如牛，声如狗吠，它名为彘，会吃人。苕水发源自此山的北面，向北流入太湖。水中多鱼。

【原文】

1.18　又东五百里，曰成山，四方而三坛①，其上多金玉，其下多青雘②。阆水出焉③，而南流注于虖勺④，其中多黄金。

【注释】

①三坛：像三个重叠的坛子。

②青雘（huò）：可做青色颜料的矿物。

③阆（shǐ）水：水名。

④虖（hū）勺：水名，疑为浙江境内的富春江。

【译文】

再往东五百里，有座成山，此山为四方形，像三个重叠的坛，此山多金和玉，山下有很多可作青色颜料的矿物。水发源于此，向南流入膚勺，水中多黄金。

山海经地理古今考	《山海经》中名称	今　考
	句余之山	浙江省境内的四明山
	浮玉之山	浙江省境内的天目山
	成山	浙江省桐庐县南部的富春山，一名严陵山

【原文】

1.19　又东五百里，曰会稽之山①，四方，其上多金、玉，其下多砆石②。勺水出焉③，而南流注于溴④。

【注释】

①会（kuài）稽之山：会稽山，在今浙江境内。

②砆（fū）石：一种像玉的石头。

③勺水：水名，在会稽山中。

④溴（jú）：水名，可能是由勺水等注入后形成的湖泊。

【译文】

向东五百里有座山，名叫会稽山，山呈四方形，山上多金、玉，山下有许多像玉一样的石头。勺水源自会稽山，向南流入湨。

【原文】

1.20　又东五百里，曰夷山^①，无草木，多沙石，湨水出焉，而南流注于列涂^②。

【注释】

①夷山：山名，在今浙江或福建境内。
②列涂：水名，指丰溪下游云江。

【译文】

再向东五百里，有座夷山，山上不长草木，有很多沙石。湨水从此处发源，向南流入列涂。

【原文】

1.21　又东五百里，曰仆勾之山^①，其上多金玉，其下多草木，无鸟兽，无水。

【注释】

①仆勾之山：仆勾山。一说在今浙江境内；一说在今福建境内。

【译文】

再向东五百里，有座仆勾山，山上有很多金和玉，山下有很多草木，山中没有鸟兽，也没有水。

【原文】

1.22　又东五百里，曰咸阴之山①，无草木，无水。

【注释】

①咸阴之山：咸阴山，在今浙江境内。

【译文】

再往东五百里，有座咸阴山，山中没有草木，也没有水。

【原文】

1.23　又东四百里，曰洵山①，其阳多金，其阴多玉。有兽焉，其状如羊而无口，不可杀也②，其名曰③。洵水出焉，而南流注于阏之泽④，其中多茈蠃⑤。

羰

【注释】

①洵（xún）山：山名，在今浙江境内。

②杀：死。

③羰（huàn）：传说中的一种兽。

④阏（è）之泽：阏泽，水名。

⑤茈（zǐ）蠃（luó）：指紫色螺。蠃：通"螺"。

【译文】

再向东四百里有座山，名叫洵山，山的南面有很多金，山的北面有许多玉。山中有种兽，形状像羊，没有嘴，但不会饿死，它的名字叫做。洵水发源于此山，向南流入阏泽，水中生有很多紫色的螺。

羬　清　汪绂图本

	《山海经》中名称	今　考
山海经地理古今考	夷山	一说为天台山，位于浙江省天台县；另一说是浙江省境内的括苍山，位于浙江省中部；还有一说是在福建境内
	仆勾山	一说是浙江省鄞县自崎头山至王海尖一带的山脉；一说在今福建省境内
	咸阴之山	可能为今浙江省的白象山
	洵山	浙江省临海县东部的群山

【原文】

1.24　又东四百里，曰虖勺之山①，其上多梓枏②，其下多荆杞③。滂水出焉④，而东流注于海。

【注释】

①虖勺之山：虖勺山，在今浙江省境内。

②梓枏（nán）：梓树和楠木。

③荆：属落叶灌木，种类很多，有牡荆、黄荆、紫荆等。杞：枸杞。

④滂（pāng）水：水名，即今浙江瓯江。

【译文】

再向东四百里，就是虖勺山，山上到处是梓树和楠木，山下长着很多荆和枸杞。滂水就从这座山中发源，然后向东流入大海。

【原文】

1.25　又东五百里，曰区吴之山①，无草木，多沙石。鹿水出焉②，而南流注于滂水。

【注释】

①区（ōu）吴之山：区吴山，在今浙江境内。

②鹿水：水名。一说应作“丽水”。

【译文】

再向东五百里，有座区吴山，山中不长草木，有很多沙石。鹿水发源于此，向南流入滂水。

【原文】

1.26　又东五百里，曰鹿吴之山[1]，上无草木，多金石。泽更之水出焉[2]，而南流注于滂水。水有兽焉，名曰蛊雕，其状如雕而有角，其音如婴儿之音，是食人。

蛊雕

【注释】

①鹿吴之山：鹿吴山，在今浙江境内。

②泽更之水：泽更水，此水应纵横多支，合流后向南注于瓯江。

蛊雕　明　胡文焕图本

【译文】

再向东五百里，有座山名叫鹿吴山，山上没有草木，有很多金和石头。泽更水发源于此，向南流入滂水。水中有一种兽，名叫蛊雕，形状像雕，头上长着角，发音像婴儿哭啼，会吃人。

【原文】

1.27　东五百里，曰漆吴之山①，无草木，多博石②，无玉。处于东海，望丘山，其光载出载入，是惟日次③。

【注释】

①漆吴之山：漆吴山，疑指今浙江东部海外诸岛。

②博石：可以用作棋具的石头。

③次：驻止、止宿。

【译文】

再往东五百里，有山名叫漆吴山，山中不长草木，到处都是可用于博戏的石头，没有玉。此山处于东海之中，在山上可以望见一座山，那山光影闪烁不定，是太阳所在的地方。

【原文】

1.28 凡南次二经之首，自柜山至于漆吴之山，凡十七山，七千二百里。其神状皆龙身而鸟首。其祠：毛用一璧瘗[①]，糈用稌[②]。

龙身鸟首神

【注释】

①毛：用于祭祀的有毛的动物，如猪、牛等。璧：平而圆、中心有孔的玉。瘗（yì）：埋葬。

②糈（xǔ）：精米，古代用以祭神。稌（tú）：稻子。特指糯稻。

龙身鸟首神　清　汪绂图本

【译文】

总计南次二经中的山，从柜山起到漆吴山止，共有十七座山，距离为七千二百里。诸山山神都是龙身鸟头。祭祀诸山山神的仪式是：把带毛的动物和一块璧一起埋入地下，用糯米作为祭祀山神的精米。

	《山海经》中名称	今　考
山海经 地　理 古今考	区吴之山	括苍山及北雁荡山，位于浙江省温州市
	漆吴之山	浙江省东部海外诸岛，舟山群岛的可能性最大

南山三经路线示意图

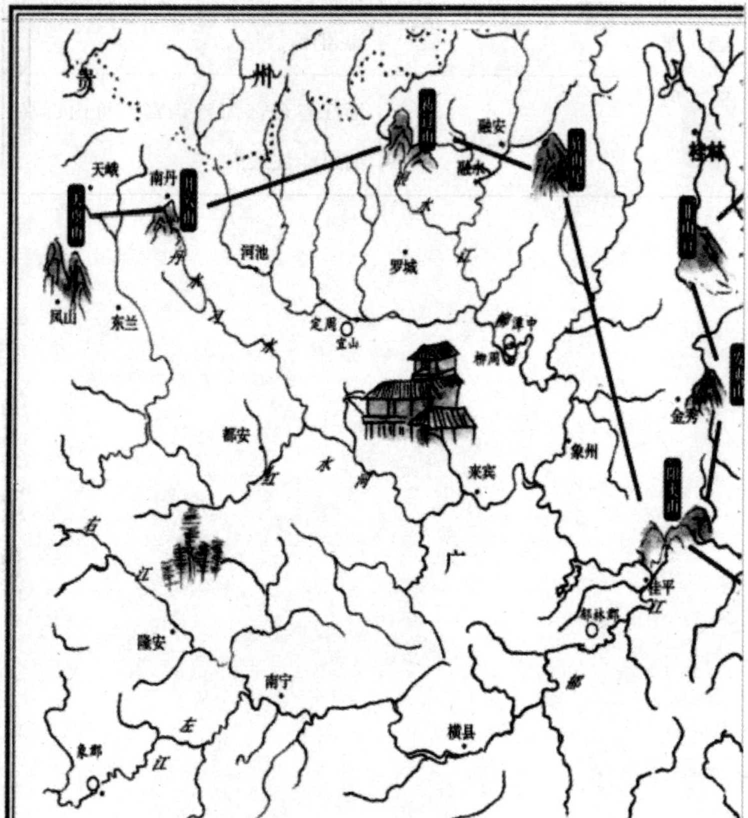
州
天峨
南丹
凤山
东兰
河池
罗城
融安
融水
定周
宜山
柳周
都安
来宾
象州
桂林
金秀
桂平
郁林郡
广
隆安
南宁
横县
钦州
西
合浦郡
合浦
北海

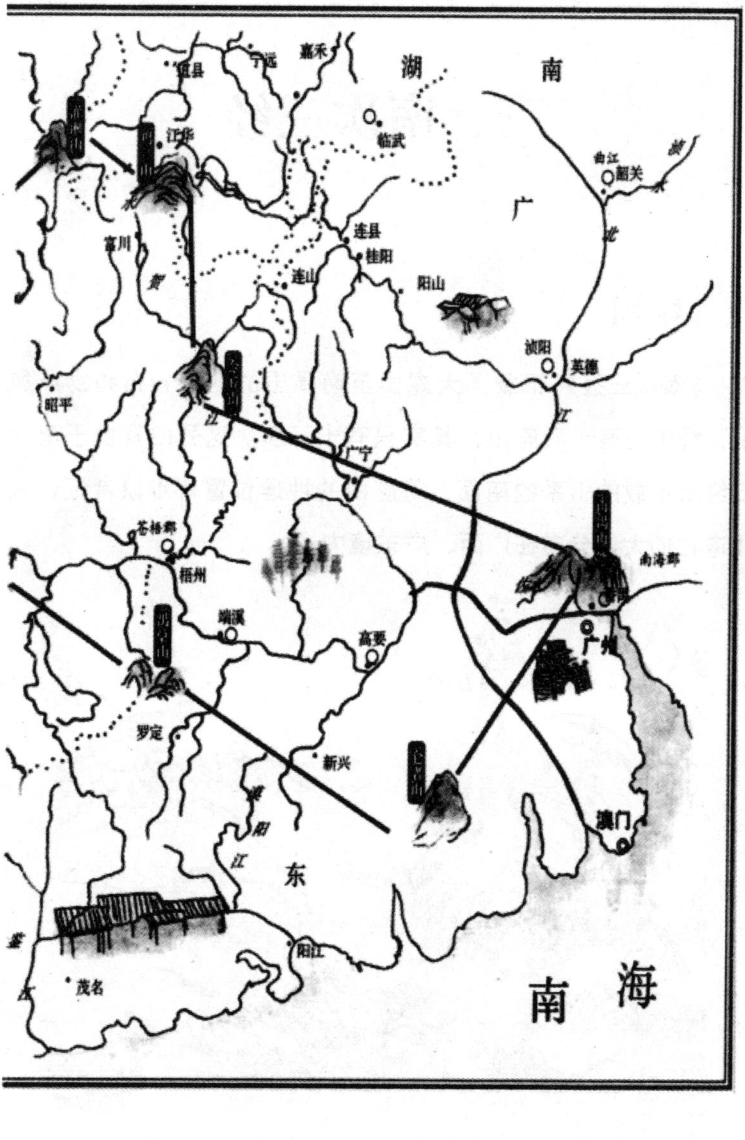

湖　南
广
嘉禾
宁远
宜县
临武
曲江
韶关
江华
连县
桂阳
富川
连山
阳山
昭平
浈阳
英德
广宁
苍梧郡
梧州
南海郡
端溪
高要
广州
罗定
新兴
澳门
东
阳江
茂名
南　海

三、南次三经

【导读】

《南次三经》记载了天虞山至南禺山的地理分布和物产风貌，经中说有十四座山，其实只有十三座。这列山系位于南次二经所记载的山系的南面，每座山的地理位置都难以考证，只知道它们大体分布在广西、广东境内。

这列山系中也生活着许多奇珍异兽，如：祷过山上被古代人奉为神兽的犀牛，丹穴山中的五彩祥鸟凤凰，还有长着人面、有四只眼睛的颙，以及长着猪毛的鱼。

【原文】

1.29　南次三经之首，曰天虞之山①，其下多水，不可以上。

【注释】

①天虞之山：天虞山，应在今广东境内。

【注释】

①天虞之山：天虞山，应在今广东境内。

【原文】

1.30　东五百里，曰祷过之山①，其上多金玉，其下多犀、兕②，多象。有鸟焉，其状如䴔而白首③、三足、人面，其名曰瞿如，其鸣自号也。泿水出焉④，而南流注于海。其中有虎蛟，其状鱼身而蛇尾，其音如鸳鸯，食者不肿⑤，可以已痔⑥。

【注释】

①祷过之山：祷过山。一说在今广东境内；一说在今广西

境内。

②犀：犀牛。兕（sì）：一种类似犀牛的动物。

③鹪（jiāo）：传说中的一种鸟。

④泿（yín）水：水名，上游是今广西东北部的洛清河，是融江的支流。

⑤肿：毒疮。

⑥已：治愈。痔：痔疮。

瞿如

【译文】

向东五百里有座山，叫做祷过山，山上多金和玉，山下有很多犀牛和兕，有很多象。山中有一种鸟，形状像，长着白色的脑袋、三只脚、人一样的脸，它的名字叫瞿如，发出的声音就像在喊自己的名字。泿水发源于此山，向南流入大海。水中

有一种虎蛟，形状是鱼身蛇尾，发出的声音好像鸳鸯鸣叫，吃了它的肉不会生毒疮，还可以治疗痔疮。

兕　明胡　文焕图本

【原文】

1.31　又东五百里，曰丹穴之山[①]，其上多金玉。丹水出焉，而南流注于渤海[②]。有鸟焉，其状如鸡，五采而文[③]，名曰凤皇[④]，首文曰德，翼文曰义，背文曰礼，膺文曰仁[⑤]，腹文曰信。是鸟也，饮食自然，自歌自舞，见则天下安宁。

凤凰

【注释】

①丹穴之山：丹穴山，在今缅甸境内。

②渤海：这里指南海。

③文：通"纹"，花纹。

④凤皇：凤凰。

⑤膺：胸。

凤皇

【译文】

再向东五百里，有座丹穴山，山上有很多金和玉。丹水发源于此山，向南流入南海。山中有一种鸟，形状像鸡，身上有五彩斑斓的羽毛，花纹像文字的形状，它的名字叫凤凰，它头上的花纹像"德"字，翅膀上的花纹像"义"字，背上的花纹像"礼"字，胸部的花纹像"仁"字，腹部的花纹像"信"字。这种鸟，进食从容自如，唱歌跳舞也很自由自在，它一出现，就表示天下会太平安宁。

凤皇　清　汪绂图本

【原文】

1.32　又东五百里，曰发爽之山[1]，无草木，多水，多白猿。泛水出焉，而南流注于渤海。

【注释】

①发爽之山：发爽山。一说在今缅甸境内；一说在今广西

境内。

【译文】

再向东五百里有座山，名叫发爽山，山中不长草木，有很多水，也有许多白猿。泛水发源自发爽山，向南流入南海。

【凤凰】

凤凰是中国神话传说中的百鸟之王。根据传说，凤是从东方殷族的鸟图腾演化而来，雄鸟为凤，雌鸟为凰，总称凤凰。凤凰死后，周身会燃起大火，它就在烈火中获得重生，并拥有更强大的生命力，称为"凤凰涅槃"。凤凰非梧桐不栖息，自歌自舞，群鸟追随者数以万计，只在天下和谐太平之时才出现。相传黄帝时社会安定，百姓安居乐业，黄帝身穿黄袍，头戴黄帽，在大殿中祈祷，凤凰鸟遮天蔽日地飞来，在殿上盘旋。黄帝再拜，凤凰便栖息在黄帝宫廷东园的梧桐树上，久久不肯离去。

【原文】

1.33　又东四百里，至于旄山之尾[1]，其南有谷，曰育遗，多怪鸟，凯风自是出[2]。

【注释】

[1]旄（máo）山：一说是今广东罗浮山；一说是泰国清迈西南的长岭。

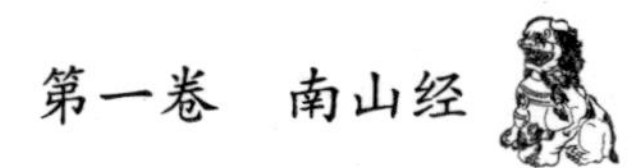

②凯风：南风，意思是和暖的风。

【译文】

再向东四百里，便到了旄山的尾端，它的南面有一个山谷，名叫育遗，谷中有许多怪鸟，南风从这个山谷中吹出。

【原文】

1.34　又东四百里，至于非山之首，其上多金玉，无水，其下多蝮虫①。

【注释】

①腹虫：蝮蛇。

【译文】

再向东四百里，就到了非山的前端，山上有很多金和玉，没有水，山下有很多蝮蛇。

	《山海经》中名称	今　考
山海经地理古今考	丹穴之山	可能是缅甸中南部的勃固山脉
	发爽之山	一说此山为缅甸东部的山脉；一说此山为广西境内大瑶山中段，又称金秀瑶山

【原文】

1.35　又东五百里，曰阳夹之山[1]，无草木，多水。

【注释】

①阳夹之山：阳夹山，在今广西境内。

【译文】

再向东五百里有座山，名叫阳夹山，山上不长草木，有很多水。

【原文】

1.36　又东五百里，曰灌湘之山[1]，上多木，无草；多怪鸟，无兽。

【注释】

①灌湘之山：灌湘山。一说在今广西境内；一说是云南景洪与琅勃拉邦山之间的山脉。

【译文】

再向东五百里，有座灌湘山，山上多树木，不长草；山中有很多怪鸟，没有野兽。

【原文】

1.37　又东五百里，曰鸡山[1]，其上多金，其下多丹雘[2]。黑水出焉[3]，而南流注于海。其中有鲭鱼[4]，其状如鲋而彘毛[5]，其音如豚[6]，见则天下大旱。

鲭鱼

【注释】

①鸡山：山名。一说是今广东韶关的桂山；一说在今广西境内。

②丹雘（huò）：红色的可做颜料的矿物。

③黑水：水名，为澜沧江上游。

④鲭（tuán）鱼：传说中的一种鱼。

⑤鲋（fù）：鲫鱼。彘：猪。

⑥豚：小猪，也泛指猪。

【译文】

再向东五百里有座山，叫做鸡山，鸡山上有很多金，山下有很多能做颜料的红色矿物。黑水发源于此山，向南注入大海。水中有一种鱼，体形像鲫鱼，身上有猪一样的毛，发出的声音如同小猪在叫，只要它一出现，就会发生大旱。

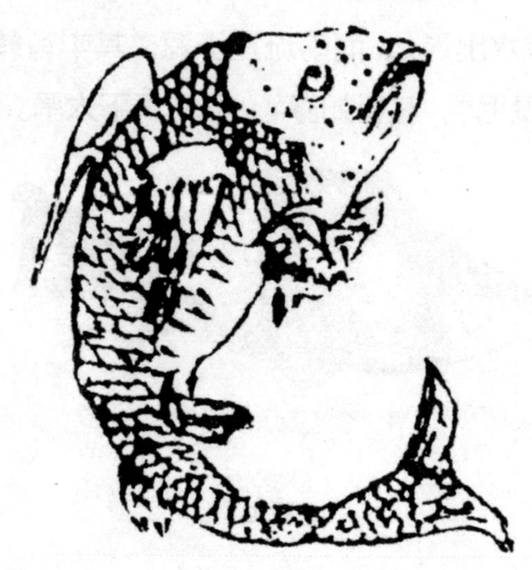

鱼清汪绂图本

【原文】

1.38　又东四百里，曰令丘之山[1]，无草木，多火。其南有谷焉，曰中谷，条风自是出[2]。有鸟焉，其状如枭[3]，人面四目而有耳，其名曰颙[4]，其鸣自号也，见则天下大旱。

【注释】

①令丘之山：令丘山。一说在今老挝境内；一说在今广东或广西境内。

颙

颙　清　汪绂图本

令丘山

②条风：东北风。

③枭：通"鸮"，猫头鹰一类的鸟。

④颙（yú）：传说中的一种怪鸟。

【译文】

再向东四百里，有座令丘山，山中不长草木，到处有火在燃烧。它的南边有一个山谷，名叫中谷，东北风就从这里吹出。山中有一种鸟，形状像猫头鹰，长着人一样的脸，有四只眼睛，有耳朵，名字叫颙，它发出的声音就像在喊自己的名字，它只要一出现，天下就会大旱。

【原文】

1.39 又东三百七十里，曰仑者之山^①，其上多金

玉，其下多青䨼②。有木焉，其状如榖而赤理③，其汗如漆④，其味如饴⑤，食者不饥，可以释劳，其名曰白䓘⑥，可以血玉⑦。

仑者山

【注释】

①仑者之山：仑者山，今老挝镇宁高原的比亚山脉。

②青䨼（huò）：青色的可做颜料的矿物。

③榖：构树。

④汗：应作"汁"。

⑤饴：糖浆。

⑥白䓘（gāo）：植物名。

⑦血：染上色彩。

【译文】

再向东三百七十里，有座仑者山，山上有许多金和玉，山下有许多能做颜料的青色矿物。山中生长着一种树，形状像构树，树身有红色的纹理，从枝干流出的汁液如漆一般，味道像糖一般甜蜜，吃了它就不觉得饥饿，还能解除疲劳，此树叫做白，可以用它给玉染色。

【原文】

1.40　又东五百八十里，曰禺稾之山[1]，多怪兽，多大蛇。

【注释】

①禺稾（gǎo）之山：禺稾山。一说是今广州的白云山；一说是广东、广西交界处的云开大山；一说是云南的无量山。

【译文】

再向东五百八十里有座山，名叫禺稾山，山中多怪兽，有很多大蛇。

【原文】

1.41　又东五百八十里，曰南禺之山[1]，其上多金玉，其下多水。有穴焉，水出辄入[2]，夏乃出，冬则闭。

佐水出焉③，而东南流注于海，有凤皇、鹓雏④。

【注释】

①南禺之山：南禺山。一说在今云南境内；一说在今广东境内。

②出：似应作"春"。

③佐水：水名，疑指越南的红河。

④鹓（yuān）雏：传说中与鸾凤同类的鸟。

【译文】

再往东五百八十里，有座山名叫南禺山，山上有很多金和玉，山下有很多水。山里有一个洞穴，春天有水流入其中，夏天水从洞穴里流出，冬天洞内无水。佐水源自此山，向东南流入大海，水边有凤凰和鹓雏。

山海经地理古今考	《山海经》中名称	今　考
	令丘之山	一说是老挝的长岭；一说在广东省或广西省境内
	南禺之山	一说是云南省的哀牢山，此山是云江与阿墨江的分水岭；一说是广东省的番禺山

【原文】

1.42　凡南次三经之首，自天虞之山以至南禺之山，凡一十四山，六千五百三十里。其神皆龙身而人面。其祠皆一白狗祈，糈用稌^①。

龙身人面神

【注释】

①糈（xǔ）：祭神用的精米。稌（tú）：稻子。特指糯稻。

【译文】

总计南次三经中的山，从天虞山起到南禺山止，共十四座山，距离为六千五百三十里。每座山的山神都是龙身人面。祭祀山神时，都要杀一条白色的狗来祈祷，用糯米作祭祀用的精米。

龙身人面神

【原文】

1.43　右南经之山志[1]，大小凡四十山，万六千三百八十里。

【注释】

[1]右：古籍通常是从右到左的竖排格式，这里"右"，相当于现在的"以上"。志：记载的文字。

【译文】

上面所说的是南山经中记载的山，共有大小四十座，距离为一万六千三百八十里。

第二卷　西山经

　　《西山经》包括《西山一经》、《西次二经》、《西次三经》、《西次四经》四篇，记载了位于中国西部的一系列山和发源于这些山的河流，这些山中生长的植物、动物及其形状、特点，山中出产的矿物，还有与这些山有关的历史人物、神名，掌管这些山的山神的形状、祭祀这些山神的方法等。《西山经》共记述了七十七座山，位于今陕西、山西、甘肃、宁夏、青海、新疆、内蒙古境内，其中近三分之一的山的具体位置可以确定。

西山一经路线示意图

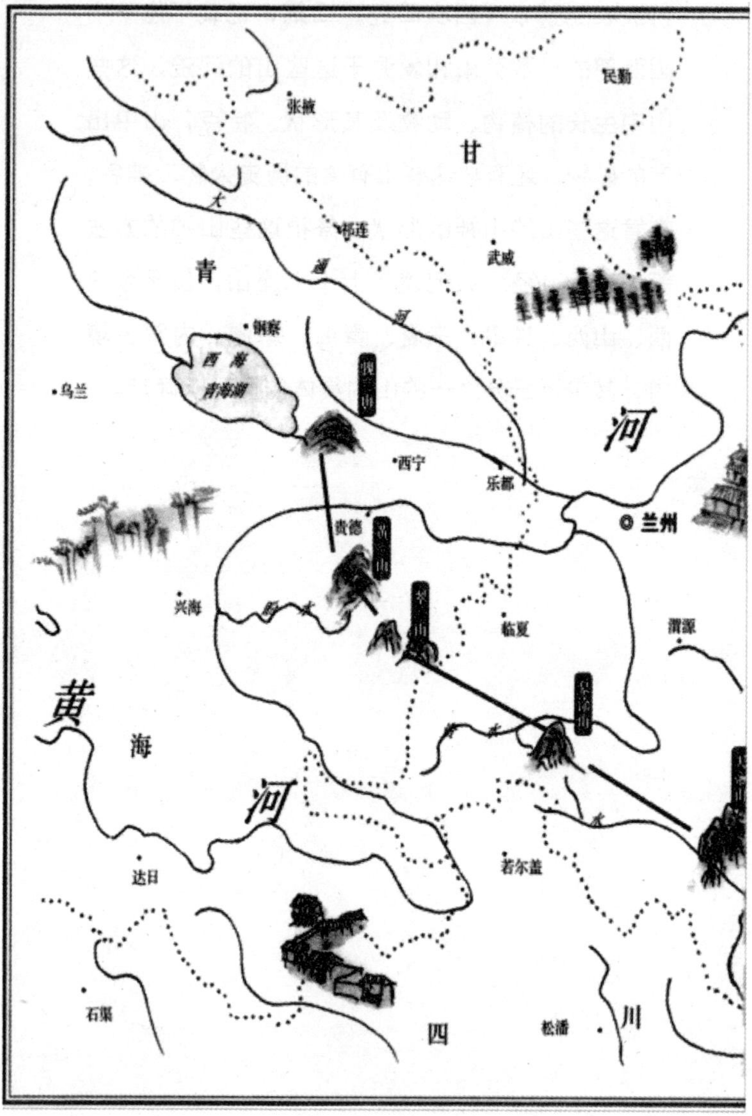

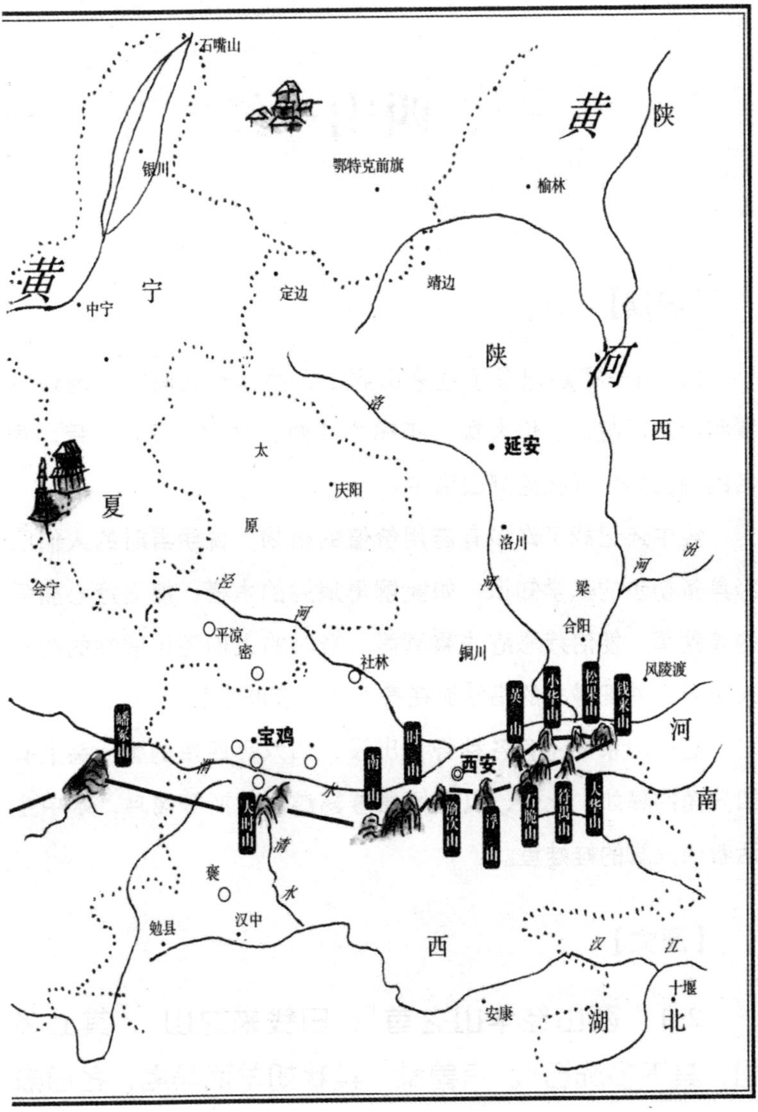

张掖
民勤
甘
祁连
武威
青
铜察
西海
青海湖
乌兰
槐江山
西宁
乐都
河
兰州
黄德
黄山
临夏
渭源
兴海
黄
海
河
达日
若尔盖
石渠
四
松潘
川

石嘴山
鄂特克前旗
银川
榆林
黄
陕
黄
宁
中宁
定边
靖边
陕
河
西
延安
太
庆阳
原
洛川
汾
河
梁
合阳
会宁
泾
河
风陵渡
平凉
密
杜林
铜川
小华山
松果山
钱来山
蟠冢山
宝鸡
时山
英山
河
南山
西安
浮山
渭
水
榆次山
石脆山
符禺山
太华山
南
大时山
清
水
褒
汉中
勉县
西
汉
江
十堰
安康
湖
北
夏

一、西山一经

【导读】

《西山一经》记录了钱来山到山，共计十九座山的地理位置和山川风貌，它们大致分布在今陕西、甘肃、青海一带，著名的西岳华山就在这列山系中。

经中还记载了许多有药用价值的植物，说明当时的人们已经具备初步的药学知识，如能解毒消肿的木槿、能治疗心痛病的葶苈草、能治疗恶疮的熏草等。当时的人们还用碱性的洗石来洗澡，并把羬羊的脂肪涂在身上防止皮肤干裂。

这列山系中还有各种野兽出没，如六足四翅的肥、头上有四只角的獓如。此外，山中栖息着鹦鹉、数斯等禽鸟，水中生活着四只脚的娃娃鱼。

【原文】

2.1　西山经华山之首①，曰钱来之山②，其上多松，其下多洗石③。有兽焉，其状如羊而马尾，名曰羬羊④，其脂可以已腊⑤。

羬羊

【注释】

①华山：古称"西岳"，在今陕西华阴市南。

②钱来之山：钱来山，可能指河南洛阳南县与卢氏县之间的界山。

③洗石：含碱之石，能溶解污垢。

④羬（qián）羊：一种野生的大尾羊。

⑤已：治愈。腊（xī）：皮肤干裂。

【译文】

西山一经华山山系的第一座山，名叫钱来山，山上有许多松树，山下有很多洗石。山里有一种兽，形状如羊一般，长着马一样的尾巴，名字叫羬羊，它的油脂可用来治疗皮肤干裂。

羬羊　清　汪绂图本

【原文】

2.2　西四十五里，曰松果之山①。濩水出焉②，北流注于渭③，其中多铜。有鸟焉，其名曰㶇④，其状如山鸡，黑身赤足，可以已瀑⑤。

【注释】

①松果之山：松果山，在今陕西境内。

②濩（huò）水：一作"灌水"，现名潼河，在今陕西境内，流入黄河、渭河。

③渭：渭河，在今陕西中部。

④鸼（tóng）渠：鸟名，水雉，外形似雉，体大如斑鸠。

⑤已：治愈。瀑（bào）：皮肉干裂皱起。

【译文】

（从钱来山）向西四十五里，有座松果山。濩水发源于此山，向北流入渭水，水中有很多铜。山里有一种鸟，名叫鸼渠，它的形状像山鸡，身子是黑色的，足爪是红色的，吃了它的肉，可以治疗皮肤干裂发皱。

【原文】

2.3　又西六十里，曰太华之山①，削成而四方，其高五千仞②，其广十里，鸟兽莫居。有蛇焉，名曰肥𧔥③，六足四翼，见则天下大旱。

肥𧔥

【注释】

①太华之山：太华山，是华山的主峰。

②仞：古代以八尺或七尺为一仞。

③肥䘆（wěi）：传说中的一种蛇。

肥䘆　清　郝懿行图本

【译文】

再向西六十里有座山，名叫太华山，山势像是用刀斧劈削而成的一样，呈四方形，高五千仞，范围广阔，纵横十里，连鸟兽都无法在山上栖身。（山中）有一种蛇，名叫肥䘆，长着六条腿、四只翅膀，只要它一出现，天下就会发生旱灾。

【原文】

2.4　又西八十里，曰小华之山①，其木多荆杞②，

其兽多牛㸲③，其阴多磬石④，其阳多㻬琈之玉⑤。鸟多赤鷩⑥，可以御火。其草有萆荔⑦，状如乌韭⑧，而生于石上，亦缘木而生，食之已心痛。

【注释】

①小华之山：小华山，也叫少华山，在今陕西境内。

②杻：枸杞。

③㸲（zuó）牛：野牛。

④磬石：适宜制磬的美石。

⑤㻬（tū）琈（fú）：美玉名。

⑥鷩（bì）：锦鸡。

⑦萆（bì）荔：即薜荔。

⑧乌韭：一种苔藓类植物，多生于潮湿的地方。

【译文】

再向西八十里有座山，名叫小华山，山上的树木多是荆类植物和枸杞，山里的野兽多是㸲牛，山的北面有很多适合制磬的石头，山的南面有很多㻬琈玉。（山中的）鸟类多是红色的锦鸡，人们可以用它来防火。山中还有一种叫萆荔的草，形状如乌韭一般，生长在石头上面，有的也攀援树木生长，吃了它可以治疗心痛的疾病。

【原文】

2.5　又西八十里，曰符禺之山①，其阳多铜，其阴多铁。其上有木焉，名曰文茎[2]，其实如枣，可以已聋。其草多条[3]，其状如葵，而赤华黄实，如婴儿舌，食之使人不惑。符禺之水出焉，而北流注于渭。其兽多葱聋[4]，其状如羊而赤鬣[5]。其鸟多鸥，其状如翠而赤喙[6]，可以御火。

葱聋

【注释】

①符禺之山：符禺山，在今陕西境内。

②文茎：植物名。一说指无刺枣。

③条：植物名，一说指蜀葵。

④葱聋：动物名，疑指藏羚。

⑤鬣（liè）：胡须。

⑥翠：翠鸟。喙：鸟兽的嘴。

葱聋　明　蒋应镐绘图本

【译文】

再向西八十里有座山，名叫符禺山，山的南面有很多铜，北面有许多铁。山上有一种树，名叫文茎，结的果实像枣，吃了它可以治疗耳聋。山中生长的草多为条，形状像葵一样，开红色的花，结黄色的果实，果实的形状像婴儿的舌头，人吃了它就不会产生迷惑。符禺水发源于此山，向北流入渭河。山中的野兽多是葱聋，它的形状像羊，却长有红色的胡子。山中的鸟多是鴖鸟，形状像翠鸟，却长着红色的嘴巴，人们可以用它来防火。

鸱

鸱　明　蒋应镐绘图本

【原文】

2.6　又西六十里，曰石脆之山①，其木多棕枏②，其草多条③，其状如韭，而白华黑实，食之已疥④。其阳多㻬珷之玉⑤，其阴多铜。灌水出焉，而北流注于禺水。其中有流赭⑥，以涂牛马无病。

【注释】

①石脆之山：石脆山，在今陕西境内。

②棕枏：棕榈和楠木。

③条：植物名，与 2.5 中的"条"不同。

④疥：疥疮。

⑤㻬（tū）珷（fú）：美玉名。

⑥流赭（zhě）：流即硫磺，是一种天然的矿物质；赭即赭黄，是一种天然的褐铁矿，可做黄色颜料。

【译文】

再往西六十里有座山，名叫石脆山，山上生长着很多棕树和楠木，生长的草多为条草，这种草形状与韭菜相似，开白色的花，结黑色的果实，吃了这种果实可以治疗疥疮。山的南面有很多㻬珷玉，山的北面有许多铜。灌水发源于此，向北流入禺水。水中有很多硫磺和赭黄，将它们涂在牛马身上，牛马就不会生病。

【原文】

2.7　又西七十里，曰英山[1]，其上多杻、橿[2]，其阴多铁，其阳多赤金。禺水出焉，流注于招水[3]，其中多鲜鱼[4]，其状如鳖，其音如羊。其阳多箭、䉋[5]，其兽多㸲牛[6]、羬羊[7]。有鸟焉，其状如鹑[8]，黄身而赤喙，其名曰肥遗，食之已疠[9]，可以杀虫。

【注释】

①英山：山名，在今陕西境内。

②杻（niǔ）：檍树。橿（jiāng）：木名，古时用作造车的材料。

③招（sháo）水：水名，可能为今陕西渭南的皂水。

④鲜（bàng）鱼：鱼名。一说应作"蚌"。

⑤箭、䉋（mèi）：箭竹和䉋竹。

⑥㸲牛：野牛。

⑦羬（qián）羊：一种野生的大尾羊。

⑧鹑：鹌鹑。

⑨疠（lì）：瘟疫，也指恶疮。

【译文】

再向西七十里有座山，名叫英山，山上长着很多杻树和橿树，山的北面有很多铁，山的南面有很多赤金。禺水发源于此山，向北流入招水，水中有很多鲜鱼，形状像鳖，发出的声音像羊的叫喊声。山的南面生长着很多箭竹和镐竹，山里的野兽多是牛、羬羊。山中有一种鸟，形状像鹌鹑，长着黄色的羽毛、红色的嘴，这种鸟名叫肥遗，人吃了它可以治疗恶疮，还能杀死人体内的寄生虫。

【原文】

2.8　又西五十二里，曰竹山[1]，其上多乔木，其阴多铁。有草焉，其名曰黄藿[2]，其状如樗[3]，其叶如麻[4]，白华而赤实，其状如赭[5]，浴之已疥[6]，又可以已胕[7]。竹水出焉[8]，北流注于渭，其阳多竹箭[9]，多苍玉[10]。丹水出焉[11]，东南流注于洛水[12]，其中多水玉[13]，多人鱼[14]。有兽焉，其状如豚而白毛[15]，大如笄而黑端[16]，名曰豪彘[17]。

【注释】

①竹山：山名，在今陕西境内。

②黄藿（guàn）：指黄花蒿。

③樗（chū）：臭椿树。

④麻：草本植物，有大麻、亚麻等。

⑤赭（zhě）：红土。

⑥疥：疥疮。

⑦胕（fú）：浮肿。

⑧竹水：水名，在今陕西境内。

⑨竹箭：细竹。

⑩苍玉：灰白色的玉。

⑪丹水：水名，在今陕西境内。

⑫洛水：今陕西洛河。

⑬水玉：水晶。

⑭人鱼：大鲵，俗称娃娃鱼。

⑮豚：小猪，也泛指猪。

⑯笄（jī）：古代用来固定头发的簪子，用竹、木、玉等制成。

⑰豪彘：豪猪。

豪彘

【译文】

再往西五十二里有一座山，名叫竹山，山上长有很

88

多乔木，山的北面有很多铁。山中生长着一种草，名叫黄蘸，形状像臭椿树，叶子与麻类植物的叶子相像，开白色的花，结红褐色的果实，它的形状像红土，用它来洗澡，能够治疗疥疮，还可以治疗浮肿。竹水源自此山，向北流入渭水，水的南面长着很多细竹子，还有许多灰白色的玉。丹水也从此山发源，向东南流入洛水，水中有很多水晶，还有很多娃娃鱼。山中有一种野兽，形状像猪，长着白色的毛，毛粗如笄一般，尖端呈现黑色，它的名字叫豪猪。

豪彘　清　汪绂图本

《山海经》中名称	今 考
石脆之山	陕西省境内的二龙山
英 山	在陕西省西华县西南部
招 水	可能指陕西省渭南市的皂水
竹 山	陕西省华县的公主岭
竹 水	在陕西省境内，又名大赤水
丹 水	在陕西省华阴市南部
鹑	"鹌鹑"的简称，为一种鸟，体形像鸡，头小尾短
豚	小猪
豪彘	豪猪，哺乳动物，身上长着许多长而硬的毛

（表左侧竖排：山海经地理古今考）

【原文】

2.9　又西百二十里，曰浮山①，多盼木②，枳叶而无伤③，木虫居之④。有草焉，名曰薰草⑤，麻叶而方茎，赤华而黑实，臭如靡芜⑥，佩之可以已疠。

【注释】

①浮山：山名，在今陕西境内。

②盼木：木名。

③枳（zhǐ）：臭橘。无伤：这里指叶上无刺。

④木虫：树木上长的虫子。

⑤薰草：一种香草，又叫蕙草，俗名佩兰。

⑥臭（xiù）：气味。蘼芜：芎（xiōng）䓖（qiōng）的苗。

【译文】

再向西一百二十里有座山，名叫浮山，山上长着很多盼木，叶子如枳树的叶子一般，但不长刺，树干里生有蛀虫。山中有一种草，名叫薰草，它长着与麻类植物一样的叶子，方形的茎干，开红色的花，结黑色的果实，发出如蘼芜一般的香味，把它佩戴在身上，能治疗恶疮。

【原文】

2.10　又西七十里，曰瑜次之山①，漆水出焉②，北流注于渭。其上多棫、橿③，其下多竹箭，其阴多赤铜，其阳多婴垣之玉④。有兽焉，其状如禺而长臂⑤，善投，其名曰嚣。有鸟焉，其状如枭⑥，人面而一足，曰橐𩇯⑦，冬见夏蛰，服之不畏雷。

橐𩇯

【注释】

①**翰（yú）次之山**：翰次山，在今陕西境内。

②**漆水**：今名漆水河。

③**棫（yù）**：白桵（ruǐ）。**橿（jiāng）**：木名。古时用作造车的材料。

④**婴垣**：一说应作"脰"，指脖子，婴脰就是挂在脖子上。

⑤**禺**：猴类，似猕猴而较大。

⑥**枭**：指猫头鹰一类的鸟。

⑦**橐（tuó）琶**：鸟名，短耳猫头鹰。

器兽

【译文】

再向西七十里有座山，名叫翰次山。漆水发源于翰次山，向北流入渭水。山上生长着很多棫树和橿树，山下长着许多小

竹，山的北面有许多赤铜，山的南面有许多婴垣玉。山中有种
野兽，它的形状像猕猴，前臂很长，擅长投掷，它的名字叫嚣。
有一种鸟，形状像猫头鹰，长着人一样的面孔，只有一只脚，
它的名字叫橐，这种鸟冬天活动而夏天蛰伏，人吃了它的肉，
可以不用害怕雷击。

橐琶　明　蒋应镐绘图本

嚣兽　明　蒋应镐绘图本

	《山海经》中名称	今　考
山海经 地　理 古今考	浮　山	在陕西省临潼县的西南部
	羭次之山	陕西省蓝田县的终南山
	漆　水	今名漆水河

【原文】

2.11　又西百五十里，曰时山^①，无草木。逐水出焉^②，北流注于渭，其中多水玉。

【注释】

①时山：山名，在今陕西境内。

②逐水：水名，今陕西长安东南的潏（jué）水。

猛豹

【译文】

再向西一百五十里有座山，名叫时山，山上不长草木。逐水发源于这座山，向北流入渭水，水中有很多水晶。

【原文】

2.12　又西百七十里，曰南山^①，上多丹粟^②。丹水出焉^③，北流注于渭。兽多猛豹^④，鸟多尸鸠^⑤。

【注释】

①南山：山名，在今陕西境内。

②丹粟：丹砂。

③丹水：水名，即今陕西周至县东的黑水河。

④猛豹：动物名。一说应作"貘豹"，似熊而小。

⑤尸鸠：布谷鸟。

【译文】

再向西一百七十里有座山，名叫南山，山上有很多丹砂。丹水源自此山，向北流入渭水。山中的野兽多是猛豹，鸟类多是布谷鸟。

猛豹　明　蒋应镐绘图本

【原文】

2.13　又西百八十里，曰大时之山①，上多穀、
柞②，下多杻、橿，阴多银，阳多白玉。涔水出焉③，
北流注于渭。清水出焉④，南流注于汉水⑤。

【注释】

①大时之山：大时山，在今陕西境内。

②榖（gǔ）：构树。柞（zuò）：柞树。

③涔（cén）水：水名，可能是今斜水，又名石头河。

④清水：一说指今褒水；一说指褒水的上源紫金河。

⑤汉水：今汉江。

【译文】

再向西一百八十里有座山，名叫大时山，山上长着很多构树和柞树，山下长着很多杻树和橿树，山的北面有许多银，南面有许多白玉。涔水发源于大时山，向北流入渭河。清水源自这座山，向南流入汉水。

【原文】

2.14　又西三百二十里，曰嶓冢之山①，汉水出焉，而东南流注于沔②；嚣水出焉，北流注于汤水③。其上多桃枝、钩端④，兽多犀、兕、熊、罴⑤，鸟多白翰、赤鷩⑥。有草焉，其叶如蕙⑦，其本如桔梗⑧，黑华而不实，名曰蓇蓉⑨，食之使人无子。

【注释】

①嶓（bō）冢之山：嶓冢山。一说在今陕西境内；一说在

今甘肃境内。

②沔（miǎn）：沔水，汉水的上流，在今陕西境内。

③汤水：一作"阳水"。

④桃枝：今名矮竹。钩端：今名刺竹。

⑤兕（sì）：犀牛一类的兽。罴：即棕熊。

⑥白翰：即白雉。鷩（bì）：锦鸡。

⑦蕙：即蕙兰。

⑧本：草木的茎或根。

⑨菁（gū）蓉：草名。

【译文】

再往西三百二十里有座山，名叫嶓冢山，汉水发源于此山，向东南流入沔水；嚣水也发源于此，向北流入汤水。山上有很多桃枝竹和钩端竹，野兽多为犀牛、兕、熊、罴，鸟类多是白雉和红色的锦鸡。山中有一种草，它长着蕙兰那样的叶子、桔梗一样的根，开黑色的花但不结果实，名字叫菁蓉，人一旦吃了它，就会丧失生育能力。

【原文】

2.15　又西三百五十里，曰天帝之山①，上多棕、枏，下多菅、蕙②。有兽焉，其状如狗，名曰谿边，席其皮者不蛊③。有鸟焉，其状如鹑，黑文而赤翁④，名曰栎，食之已痔⑤。有草焉，其状如葵，其臭如蘼芜，

名曰杜衡⑥，可以走马⑦，食之已瘿⑧。

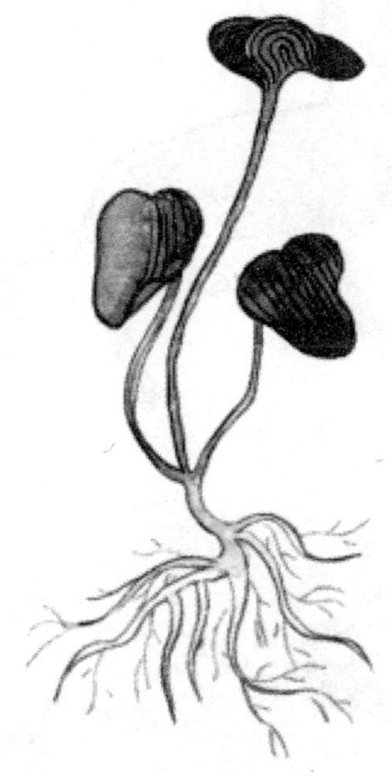

杜衡

【注释】

①天帝之山：山名，在今陕西境内。

②菅：菅茅。

③蛊：毒热恶气。

④翁：鸟颈上的毛。

⑤已：治愈。

⑥杜衡：亦作"杜蘅"。

⑦走马：使马跑得快。

⑧瘿（yǐng）：长在脖子上的一种囊状的瘤子。

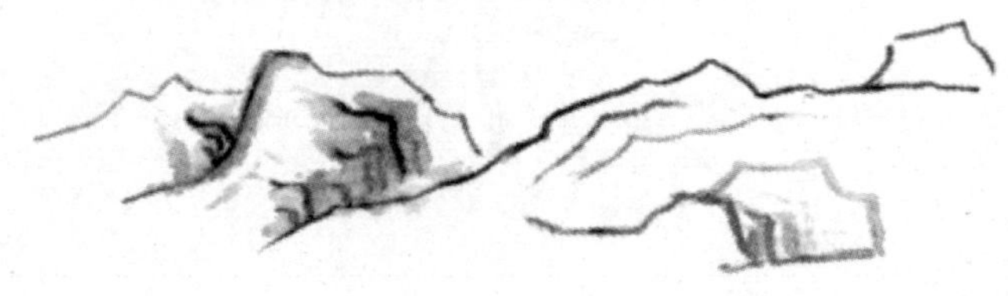

猰貐

【译文】

再向西三百五十里有座山，名叫天帝山，山上长着很多棕树和楠木，山下长有很多菅茅和蕙兰。山里有一种兽，形状像狗，名叫谿边，人坐卧时，把它的皮铺在身下，可以免受毒热恶气的侵袭。山里有一种鸟，形状像鹌鹑，身上有黑色的花纹和红色的颈毛，它的名字叫做栎，人吃了它的肉，可以治疗痔疮。山里长着一种草，形状像葵，散发出的气味与靡芜相似，叫做杜衡，骑马的人佩戴上它，可以使马跑得快，吃了它的肉可治疗脖子上长大瘤子的病。

【原文】

2.16　西南三百八十里，曰皋涂之山①，蔷水出焉②，西流注于诸资之水③；涂水出焉④，南流注于集获之水⑤。其阳多丹粟⑥，其阴多银、黄金，其上多桂木。有白石焉，其名曰礜⑦，可以毒鼠。有草焉，其状如藁茇⑧，其叶如葵而赤背，名曰无条⑨，可以毒鼠。有兽焉，其状如鹿而白尾，马足人手而四角，名曰玃如⑩。有鸟焉，其状如鸱而人足⑪，名曰数斯，食之已瘿⑫。

玃如

【注释】

①皋涂之山：皋涂山，即今陕西境内的峪山岭。

②蔷水：水名，可能是今甘肃洮河的支流。

③诸资之水：诸资水，可能指今洮河或洮河等江汇聚而成的沼泽。

④涂水：水名，可能是岷江源头与汉江源头多条水流的总称。

⑤集获之水：集获水，可能是今甘肃的白龙江。

⑥丹粟：丹砂。

⑦礜（yù）：礜石，一种性热含毒的矿石。

⑧薰（gǎo）茇（bá）：香草名。

⑨无条：植物名，可能指天葵。

⑩玃（jué）如：传说中的一种兽。

⑪鸱（chī）：指鸱鹰。

⑫已：治愈。瘿（yǐng）：长在脖子上的一种囊状的瘤子。

玃如　明　蒋应镐绘图本

【译文】

向西南三百八十里有座山，名叫皋涂山，蔷水发源于皋涂山，向西流入诸资水；涂水也从这里发源，向南流入集获水。山的南面有很多丹砂，山的北面有许多银和黄金，山上长着很多桂树。山中有一种白色的石头，叫做礜，可以用来毒杀老鼠。山中有一种草，形状如藁茇一般，叶子的形状与葵的叶子相似，但叶背呈现红色，名叫无条，可以毒杀老鼠。山中有一种野兽，形状像鹿，长着白色的尾巴、马一样的脚、人一样的手，有四只角，它的名字叫玃如。山中有一种鸟，它的形状像鹞鹰，长着人一样的脚，它的名字叫做数斯，人吃了它的肉，能够治疗脖子上长大瘤子的病。

数斯

数斯　明　蒋应镐绘图本

【原文】

2.17　又西百八十里，曰黄山[1]，无草木，多竹箭。盼水出焉[2]，西流注于赤水[3]，其中多玉。有兽焉，其状如牛而苍黑，大目，其名曰㸲[4]。有鸟焉，其状如鸮[5]，青羽赤喙，人舌能言，名曰鹦䳇[6]。

【注释】

①黄山：不是今天的安徽黄山，可能是今甘肃临洮的东山。

②盼水：为甘肃会川县北山之河。

③赤水：水名。一说为洮河；一说为黄河。

④㸲（mǐn）：传说中的一种似牛的野兽。

⑤鸮（xiāo）：猫头鹰一类的鸟。

⑥鹦䳇（mǔ）：鹦鹉。

【译文】

再向西一百八十里有座山，名叫黄山，山上不长草木，长着很多小竹。盼水发源于黄山，向西流入赤水，水中有很多玉。山中有一种野兽，形状像牛，皮毛呈现灰黑色，眼睛很大，它的名字叫做。山中有一种鸟，形状像猫头鹰，长着青色的羽毛、红色的嘴，舌头跟人的相似，会说话，叫做鹦䳱。

	《山海经》中名称	今　考
山海经地理古今考	嶓冢之山	一说在今陕西省境内；一说在今甘肃省境内
	天帝之山	一说在今陕西省凤翔县；一说是今陕西省境内的太白山
	皋涂之山	可能是今陕西省境内的峪儿岭
	黄　山	非今安徽省的黄山，疑是甘肃省临兆县的东山

【原文】

2.18　又西二百里，曰翠山^①，其上多棕枏^②，其下多竹箭，其阳多黄金、玉，其阴多㹀牛、羚、麝^③；其鸟多鸓^④，其状如鹊，赤黑而两首四足，可以御火。

【注释】

①翠山：山名。一说指今青海西宁的小积石山；一说在今甘肃境内。

②棕：棕榈。枏（nán）：楠木。

③旄（máo）牛：牦牛。麝（shè）：也叫香獐子，哺乳动物，外形像鹿而小。

④鸓（lěi）：传说中的一种鸟。

羚

旄牛　清　汪绂图本

【译文】

再向西二百里有座山，名叫翠山，山上有很多棕树和楠木，山下长着许多小竹，山的北面有很多黄金和玉，南面有很多牦牛、羚羊和麝，山中的鸟多是鸓鸟，它的形状像喜鹊，身体呈现红黑色，有两个脑袋、四只脚，可以用来防火。

鸓鸟

鸥　明　蒋应镐绘图本

【原文】

2.19　又西二百五十里，曰騩山[①]，是于西海[②]，无草木，多玉。凄水出焉[③]，西流注于海[④]，其中多采石、黄金[⑤]，多丹粟[⑥]。

【注释】

①騩（guī）山：今青海西宁日月山。

②錞（chún）：这里是蹲踞的意思。西海：今青海湖。

③凄水：今倒淌河。

④海：指青海湖。

⑤采石：彩色的石头。

⑥丹粟：丹砂。

【译文】

再向西二百五十里有座山，名叫騩山，它位于青海湖畔，山中没有草木，有很多玉。凄水发源于此山，向西流入青海湖，水中有许多彩色的石头、黄金及丹砂。

日月山

【原文】

2.20　凡西经之首，自钱来之山至于騩山，凡十九山，二千九百五十七里。华山冢也[1]，其祠之礼：太牢[2]。羭山神也[3]，祠之用烛[4]，斋百日以百牺[5]，瘗用百瑜[6]，汤其酒百樽[7]，婴以百珪百璧[8]。其余十七山之属，皆毛牷用一羊祠之[9]。烛者，百草之未灰，白席采等纯之[10]。

【注释】

①騩（guī）山：山名，可能为青海湖东侧的日月山。冢：

这里指大的山神。

②太牢：古代祭祀天地，以牛、羊、猪三牲具备为太牢。

③羭（yú）山：指羭次山。

④烛：这里指火炬，用百草扎束而成，用来照明。

⑤斋：祭祀前或举行典礼前清心洁身。牺：古代称祭品用的纯色牲畜为牺。

⑥瘗（yì）：埋葬。瑜：美玉。

⑦汤：通"烫"。樽：酒杯。

⑧婴：颈上的饰物。珪：同"圭"，古代祭祀时用的条状玉器，上尖下方。

⑨毛牷（quán）：带毛的纯色的全牲。

⑩采：有彩色花纹的丝织物。纯：镶边。

【译文】

总计西山一经中的山，自第一座山钱来山起到騩山止，一共有十九座山，距离为二千九百五十七里。华山是大的山神的所在地。祭祀华山山神的礼仪是：用太牢之礼。羭次山的山神很神妙，祭祀时要用火炬，先斋戒一百天，然后用一百头纯色的牲畜做祭品，把一百块美玉埋入地下，再烫上一百樽美酒，把一百只珪和一百块璧系在山神的颈上，作为祭祀时的饰物。剩余的十七座山的山神，都是用一只纯色的完整的羊来祭祀。祭祀用的烛，是还没有烧成灰的百草，祭祀用的白席则用有彩色花纹的丝织物镶边装饰。

	《山海经》中名称	今　考
山海经 地　理 古今考	旄　牛	牦牛，牛的一种，全身有长毛，腿短
	麝	也叫香獐子，哺乳动物，外形像鹿而小

【华山】

　　太华山就是今天的西岳华山，其山势峻峭、壁立千仞，如刀劈斧削一般。华山以险峻著称，自古以来就有“华山天下险”、“奇险天下第一山”的说法。据《尚书》记载，华山是“轩辕黄帝会群仙之所”。《史记》记载，黄帝、虞舜都曾前往华山巡狩。秦昭王曾命一个叫施钩的工匠搭梯攀上华山。甚至到魏晋南北朝时，仍然没有道路通向华山峰顶。直到唐朝，道教徒居山建观，才在北坡开凿了一条险道，“自古华山一条路”至此诞生。

二、西次二经

【导读】

  《西次二经》记载了钤山到莱山共计十七座山的地理位置和山川风貌。它们大致分布在现在的山西、陕西、宁夏、甘肃、青海一带。

这列山系中有五彩祥鸟凤凰，还有一种在远古时代就非常珍贵的朱厌，长着白色的脑袋和白色的眉毛、人一样的脸，外形很漂亮。山中的野兽有虎、豹、羚羊、鹿等。

【原文】

2.21　西次二经之首，曰钤山[1]，其上多铜，其下多玉，其木多杻、橿[2]。

【注释】

[1]钤（qián）山：今稷山，在山西西南部。

[2]杻（niǔ）：檍树。橿（jiāng）：树名，古代用作造车的木材。

【译文】

西次二经中的首座山，名叫钤山，山上有很多铜，山下有很多玉，山中的树木大多是杻树和橿树。

【原文】

2.22　西二百里，曰泰冒之山[1]，其阳多金，其阴多铁。洛水出焉[2]，东流注于河[3]，其中多藻玉[4]，多白蛇。

【注释】

[1]泰冒之山：泰冒山，为今陕西韩城附近的西山，又名虚

梯山、中山寺山、西山寺山。

②洛水：水名，今洛河。

③河：黄河。

④藻玉：有彩纹的玉。

【译文】

向西二百里有座山，名叫泰冒山，山的南面有很多金，北面有很多铁。洛水发源于泰冒山，向东流入黄河，水中很多带有彩纹的玉，还有很多白色的水蛇。

【原文】

2.23　又西一百七十里，曰数历之山①，其上多黄金，其下多银，其木多杻、橿，其鸟多鹦鹉。楚水出焉②，而南流注于渭，其中多白珠。

【注释】

①数历之山：数历山，可能在今陕西境内。

②楚水：今陕西耀县的石川河。

【译文】

再向西一百七十里有座山，名叫数历山，山上有很多黄金，山下有很多银，山中的树木多是杻树和橿树，山中的鸟类多为鹦鹉。楚水发源于数历山，向南流入渭水，水中有很多白色的珠子。

【原文】

2.24　又西北五十里，曰高山①，其上多银，其下多青碧、雄黄②，其木多棕③，其草多竹。泾水出焉④，而东流注于渭，其中多磬石、青碧⑤。

【注释】

①高山：今宁夏六盘山山脉中的米缸山。

②青碧：青色的玉石。雄黄：一种含硫化砷的矿石，为橘黄色。

③棕：棕榈。

④泾水：今泾河。

⑤磬石：适宜制磬的美石。

【译文】

再往西北五十里有座山，名叫高山，山上有很多白银，山下有很多青色玉石和雄黄，山中生长的树木多是棕榈，生长的草多是竹。泾水发源于此山，向东流入渭河，水中有很多适合制磬的美石和青色的玉石。

【原文】

2.25　西南三百里，曰女床之山①，其阳多赤铜，其阴多石涅②，其兽多虎、豹、犀、兕③。有鸟焉，其状如翟而五采文④，名曰鸾鸟⑤，见则天下安宁。

【注释】

①女床之山：一说是今宁夏回族自治区西南部、甘肃省东部的六盘山；一说是今陕西岐山。

②石涅：石墨。

③兕：一种类似犀牛的动物。

④翟（dí）：长尾的野鸡。

⑤鸾鸟：传说中凤凰一类的鸟。

【译文】

向西南三百里有座山，名叫女床山，山的南面有很多赤铜，北面有很多石墨，山中的野兽多是老虎、豹子、犀牛、兕。山里有一种鸟，形状像长尾野鸡，身上有五彩斑纹，它的名字叫做鸾鸟，只要它一出现，天下就会安宁。

鸾鸟

鸾鸟　清　汪绂图本⑤

【原文】

2.26　又西二百里，曰龙首之山①，其阳多黄金，其阴多铁。苕水出焉②，东南流注于泾水，其中多美玉。

【注释】

①龙首之山：龙首山，可能为今陕西和甘肃交界处的陇山。
②苕（tiáo）水：水名，疑为散渡河。

【译文】

再往西二百里有座山，名叫龙首山，山的南面有很多黄金，北面有很多铁。苕水发源于龙首山，向东南流入泾水，水中有很多美玉。

【原文】

2.27　又西二百里，曰鹿台之山[1]，其上多白玉，其下多银，其兽多炸牛、羬羊、白豪[2]。有鸟焉，其状如雄鸡而人面，名曰凫徯[3]，其鸣自叫也，见则有兵。

凫徯

【注释】

[1]鹿台之山：鹿台山，可能是今甘肃岷县的东山。

[2]炸（zuó）牛：野牛。羬（qián）羊：野生的大尾羊。豪：箭猪。

[3]凫徯（xī）：传说中的一种鸟。

凫徯

【译文】

再往西二百里有座山，名叫鹿台山，山上有很多白玉，山下有很多银，山中的野兽多为炸牛、羬羊和白色的箭猪。山中有一种鸟，它的形状同雄鸡相似，却长着人一样的脸，它的名字叫做凫徯，它叫起来像是在叫自己的名字，这种鸟一出现，就会有战事发生。

【原文】

2.28　西南二百里，曰鸟危之山[1]，其阳多磬石，其阴多檀、楮[2]，其中多女床[3]。鸟危之水出焉[4]，西流注于赤水，其中多丹粟[5]。

楮

【注释】

①鸟危之山：鸟危山，在今甘肃境内。

②檀：檀树。楮（chǔ）：构树。

③女床：植物名，据古人说是女床草。

④鸟危之水：一说指洮河，是黄河水系上游的支流；一说指甘肃会宁祖历河或其上游支流。

⑤丹粟：朱砂。

檀树

【译文】

往西南二百里有座山，名叫鸟危山，山的南面有很多适合制磬的美石，北面有许多檀树和构树，山中还生长着很多女床。鸟危水发源于此山，向西流入赤水，水中有很多丹砂。

【原文】

2.29 又西四百里，曰小次之山①，其上多白玉，其下多赤铜。有兽焉，其状如猿而白首赤足，名曰朱厌②，见则大兵。

朱厌

【注释】

①小次之山：小次山，在今甘肃境内。

②朱厌：指白眉长臂猴。

【译文】

再向西四百里有座山，名叫小次山，山上有很多白玉，山下有很多赤铜。山中有一种野兽，它的形状似猿猴，但长着白色的脑袋、红色的脚，它一旦出现，天下就会有大的战乱。

朱厌　明　蒋应镐绘图本

【原文】

2.30　又西三百里，曰大次之山，其阳多垩①，其阴多碧②，其兽多㹫牛、羚羊③。

【注释】

①垩（è）：可用来涂饰的有色土。

②碧：青绿色的玉石。

③㹫（zuó）牛：野牛。

【译文】

再往西三百里有座山，名叫大次山，山的南面有很多可用于涂饰的有色土，北面有很多青绿色的玉石，山中的野兽多是牛、羚羊。

【原文】

2.31　又西四百里，曰熏吴之山①，无草木，多金玉。

【注释】

①熏吴之山：熏吴山，在今青海境内。

【译文】

再往西四百里有座山，名叫熏吴山，山上不生长草木，有很多金和玉。

【原文】

2.32　又西四百里，曰厎阳之山①，其木多㮄、枏、豫章②，其兽多犀、兕、虎、犳、柞牛③。

老虎

【注释】

①厎（zhǐ）阳之山：厎阳山，今巴颜喀拉山，昆仑山脉东延部分。

②楨（jì）：水松。豫章：木名，即樟树。

③兕：一种类似犀牛的动物。犳（zhuó）：传说中的一种兽。

【译文】

再往西四百里有座山，名叫阳山，山中的树木多为水松、楠木、樟树，野兽多为犀牛、兕、老虎、犳、牦牛。

豹

	《山海经》中名称	今　考
山海经地理古今考	鹿台之山	可能指甘肃省岷县的东山
	鸟危之山	可能指甘肃省陇西县西南的山脉
	薰吴之山	青海省的郭罗山
	朱厌	白眉长臂猴
	㸲牛	野牛

【原文】

2.33　又西二百五十里，曰众兽之山[1]，其上多㻬琈之玉[2]，其下多檀、楮，多黄金，其兽多犀、兕。

【注释】

①众兽之山：众兽山，在今青海境内。
②㻬（tū）琈（fú）：美玉名。

【译文】

再往西二百五十里有座山，名叫众兽山，山上有很多琈玉，山下长着很多檀树和构树，有很多黄金，山中的野兽多为犀牛和兕。

【原文】

2.34　又西五百里，曰皇人之山[1]，其上多金玉，其下多青、雄黄[2]。皇水出焉[3]，西流注于赤水[4]，其中多丹粟。

【注释】

①皇人之山：皇人山，今巴颜喀拉山西段。

②青：石青。

③皇水：水名，今青海湟水。

④赤水：水名，一说是乌拉山与西藏交界处大小河流的总称。

【译文】

再往西五百里有座山，名叫皇人山，山上有很多金和玉，山下有许多石青和雄黄。皇水发源于此，向西流入赤水，水中有很多丹砂。

【原文】

2.35　又西三百里，曰中皇之山[1]，其上多黄金，其下多蕙、棠[2]。

【注释】

①中皇之山：中皇山，今青海省乌兰乌拉山。

②蕙：蕙兰。棠：棠梨。

【译文】

再往西三百里有座山，名叫中皇山，山上有很多黄金，山下生长着很多蕙兰、棠梨。

【原文】

2.36　又西三百五十里，日西皇之山[①]，其阳多金，其阴多铁，其兽多麋、鹿、㸲牛。

【注释】

①西皇之山：西皇山，今青海乌兰乌拉山的长岭。为扬子江源头的西界山。

麋

麋　清　汪绂图本

【译文】

再往西三百五十里有座山，名叫西皇山，山的南面有很多金，北面有很多铁，山中野兽多是麋、鹿、牦牛。

【原文】

2.37　又西三百五十里，曰莱山[1]，其木多檀、楮，其鸟多罗罗[2]，是食人。

【注释】

[1]莱山：为今青海境内的托莱山。

[2]罗罗：鸟名，秃鹫之类。

【译文】

再往西三百五十里有座山，名叫莱山，山上生长的树木多是檀树和构树，山中的鸟多是罗罗鸟，这种鸟能吃人。

【原文】

2.38　凡西次二经之首，自钤山至于莱山，凡十七山，四千一百四十里。其十神者，皆人面而马身。其七神皆人面牛身，四足而一臂，操杖以行，是为飞兽之神①。其祠之：毛用少牢②，白菅为席。其十辈神者，其祠之：毛一雄鸡，钤而不糈③，毛采④。

人面马身神

【注释】

①飞兽之神：奔走如飞的兽形神。

②毛：用于祭祀的带毛的动物。少（shào）牢：古代祭祀用羊和猪做祭品，称少牢。

③钤（qián）：关锁。糈（xǔ）：祭神用的精米。

④毛采：指杂色的雄鸡。

人面牛身神

【译文】

总计西次二经中的山，从第一座山钤山起到莱山止，共有十七座，距离为四千一百四十里。其中的十位山神，都是人面马身的样子。另外七位山神都是人面牛身，有四条腿、一只胳膊，拄着拐杖行走，是奔走如飞的兽形之神。祭祀他们的方法为：用羊和猪作为祭品，用白茅草铺成山神的坐席。祭祀十位山神的仪式为：以雄鸡作祭品，把它锁起来，不用精米，祭祀用的雄鸡必须是杂色的。

131

人面牛身神

三、西次三经

【导读】

《西次三经》中记载了崇吾山到翼望山的地理分布及山川风貌。经中说有二十三座山，其实只有二十二座。这列山系位于《西次二经》所载山系的北面，即今新疆、甘肃、青海、蒙古一带。

　　经中记载了齐飞的比翼鸟、长着翅膀的文鳐鱼、人面虎身的九尾兽陆吴等奇珍异兽，还记载了历史人物和神仙故事，如居住在玉山的西王母，以及黄帝杀死钟山山神的儿子鼓的故事，这些神话展现了古人丰富的想象力，为后世研究上古文化提供了不可或缺的素材。

【原文】

　　2.39　西次三经之首，曰崇吾之山[①]，在河之南，北望冢遂[②]，南望名之泽[③]，西望帝之搏兽之丘[④]，东望蠕渊[⑤]。有木焉，员叶而白柎[⑥]，赤华而黑理，其实如枳[⑦]，食之宜子孙。有兽焉，其状如禺而文臂[⑧]，豹虎而善投[⑨]，名曰举父。有鸟焉，其状如凫而一翼一目[⑩]，相得乃飞，名曰蛮蛮[⑪]，见则天下大水。

举父　清　毕沅图本

【注释】

①崇吾之山：崇吾山。一说在今青海茶卡盐湖附近；一说为昆仑山系中的祁曼山。

②冢遂：今新疆境内阿尔金山中的峡谷。

③岳（yáo）之泽：岳泽，水名。

④搏兽之丘：与猛兽搏斗的丘陵。

⑤蔫（yān）渊：一说指新疆柴达木盆地西北角的格孜湖；一说指茶卡盐湖。

⑥柎（fū）：花萼，花瓣外部的一圈叶状绿色小片。

⑦枳（zhǐ）：枸橘。

⑧禺：猴类动物，似猕猴而较大。

⑨虎：疑应作“尾”。

⑩凫：野鸭。

⑪蛮蛮：比翼鸟。

举父

【译文】

西次三经中的第一座山，叫做崇吾山，它位于黄河南面，北面可望到冢遂山，南面可望见嚣之泽，西面可看到黄帝与猛兽搏斗的丘陵，东面可望到螞渊。山中有一种树，长着圆圆的叶子、白色的花萼，开红色的花朵，有黑色的纹理，结的果实与枳相像，人吃了它能使子孙兴旺发达。山中有一种野兽，形状像猕猴，上肢有花纹，有豹子一样的尾巴，擅长投掷，名字叫举父。山中有一种鸟，形貌像野鸭，长着一只翅膀和一只眼睛，它必须和另一只相同的鸟合起来才能飞行，它一旦出现，天下就会发生大水灾。

蛮蛮

蛮蛮　清　汪绂图本

【原文】

2.40　西北三百里，曰长沙之山[1]。泚水出焉，北流注于泑水，无草木，多青、雄黄[2]。

【注释】

[1]长沙之山：长沙山，可能在今新疆境内。
[2]青：石青。

【译文】

往西北三百里有一座山，名叫长沙山。泚水发源于长沙山，向北流入泑水，山上不长草木，有许多石青和雄黄。

【原文】

2.41　又西北三百七十里，曰不周之山①。北望诸毗之山②，临彼岳崇之山，东望泑泽，河水所潜也，其原浑浑泡泡③。爰有嘉果④，其实如桃，其叶如枣，黄华而赤柎，食之不劳。

【注释】

①不周之山：不周山，今新疆昆仑山系中的一座雪山。

②诸毗（pí）：山名。

③浑（gǔn）浑泡（páo）泡：大水奔流的声音。

④爰：这里，那里。

【译文】

再往北三百七十里有座山，名叫不周山。它的北面可以望见诸毗山，面对着岳崇山，东面可以望见泑泽，这是黄河水在地下潜流的地方，水在流出的地方发出巨大的喷涌声。这里有一种能结鲜美果实的果树，结出的果实形状像桃，叶子像枣树叶，开黄色的花，长着红色的花萼，人们吃了这种果实，就不会感到疲劳。

【原文】

2.42　又西北四百二十里，曰峚山①，其上多丹木②，员叶而赤茎，黄华而赤实，其味如饴③，食之不饥。丹水出焉④，西流注于稷泽⑤，其中多白玉。是有玉膏⑥，其原沸沸汤汤⑦，黄帝是食是飨⑧。是生玄玉⑨。玉膏所出，以灌丹木，丹木五岁，五色乃清，五味乃馨。黄帝乃取峚山之玉荣⑩，而投之钟山之阳。瑾瑜之玉为良⑪，坚粟精密⑫，浊泽有而光⑬。五色发作⑭，以和柔刚。天地鬼神，是食是飨；君子服之，以御不祥。自峚山至于钟山，四百六十里，其间尽泽也。是多奇鸟、怪兽、奇鱼，皆异物焉。

【注释】

①峚（mì）山：今新疆叶城县米尔岱山。

②丹木：木名，一说指槭树。

③饴（yí）：糖浆。

④丹水：今玉河。

⑤稷泽：水名，此河在叶耳羌西北、英吉沙尔东南，古称太泽，现在已干涸为沙漠。

⑥玉膏：玉的脂膏。据说是一种仙药。

⑦沸沸汤（shāng）汤：指玉膏涌出时的样子。

⑧黄帝：传说中中原各族的祖先，姬姓，少典之子，号轩辕氏、有熊氏。飨（xiǎng）：用酒食招待客人。

⑨玄：黑色。

⑩玉荣：玉的精华。

⑪瑾：美玉。瑜：美玉。

⑫坚粟：坚硬而状如粟米。

⑬有而：应作"而有"。

⑭五色发作：指焕发的光彩互相映衬。

槭树

【译文】

再往西北四百二十里有座山，名叫峚山，山上生长着许多丹木，长着圆圆的叶子、红色的茎干，开黄色的花朵，结红色的果实，果实的味道如糖浆一样甜，吃了它就不会感觉到饥饿。丹水发源于峚山，向西流入稷泽，水中有很多白玉，还有玉膏，玉膏涌出的地方一片沸腾，黄帝就曾以这种玉膏为食，还用它来招待宾客。由玉膏又生出了黑玉。用玉膏涌出之地的水来浇灌丹木，经过五年，丹木便会呈现出五种清新的色彩，发出五种芬芳的香味。黄帝于是取峚山之玉的精华，将其投在钟山的南面。后来便生出优良的美玉，坚硬而状如粟米，精密细致，浑厚润泽而有光彩。它发出的五种颜色相互辉映，以此来调和阴柔与阳刚。天地间的鬼神，都来享用这种美玉；君子将其佩戴在身上，可以抵御不祥之气。从峚山到钟山，距离为四百六十里，其间全部是池泽。那里生长着许多奇鸟、怪兽和奇鱼，都是怪异罕见的动物。

【原文】

2.43　又西北四百二十里，曰钟山。其子曰鼓[1]，其状如人面而龙身，是与钦䲹杀葆江于昆仑之阳[2]，帝乃戮之钟山之东，曰崰崖[3]。钦䲹化为大鹗[4]，其状如雕而黑文白首，赤喙而虎爪，其音如晨鹄[5]，见则有大兵。鼓亦化为鵔鸟[6]，其状如鸱[7]，赤足而直喙，黄文而白首，其音如鹄，见则其邑大旱。

【注释】

①其子：指钟山山神的儿子。

②钦䲹（pí）：传说中的神名。葆江：人名，一作"祖江"。昆仑：昆仑山，古代昆仑山在今甘肃境内。

③崰（yáo）崖：地名。一作"瑶岸"。

④鹗（è）：鱼鹰。

⑤鹄（hú）：天鹅。

鼓

⑥鵔（jùn）鸟：传说中的一种鸟。

⑦鸱（chī）：鹞鹰。

【译文】

再往西北四百二十里有座山，名叫钟山。钟山山神的儿子叫鼓，他的形状为人面龙身，他与钦䲹联手在昆仑山的南坡杀死了天神葆江，黄帝因此将鼓与钦䲹诛杀于钟山东面的崤崖。钦䲹死后化为一只大鱼鹰，形状像雕，有着黑色的斑纹、白色的脑袋、红色的嘴，长着老虎一样的爪子，发出的声音与早晨天鹅的叫声相似，只要它一出现，就会发生大的战争。鼓死后化为鵔鸟，形状像鹞鹰，长着红色的脚、又长又直的嘴、黄色的斑纹、白色的脑袋，发出的声音与天鹅的叫声相似，它在哪座城邑出现，哪座城邑就会有大的旱灾。

钦䲹　明　蒋应镐绘图本

【原文】

2.44　又西百八十里，曰泰器之山①。观水出焉②，西流注于流沙③。是多文鳐鱼④，状如鲤鱼，鱼身而鸟翼，苍文而白首赤喙，常行西海，游于东海，以夜飞。其音如鸾鸡⑤，其味酸甘，食之已狂⑥，见则天下大穰⑦。

【注释】

①泰器之山：泰器山，在今新疆莎车县。

②观水：水名，今新疆听难阿布河。

③流沙：古时指中国西北的沙漠地区。

144

文鳐鱼

④文鳐（yáo）鱼：传说中的一种鱼。

⑤鸾鸡：传说中的一种鸟。

⑥已：治愈。狂：疯癫。

⑦穰（ráng）：丰收。

文鳐鱼　明　蒋应镐绘图本

【译文】

再往西一百八十里有座山，名叫泰器山。观水发源于此山，向西注入流沙。水中有很多文鳐鱼，形似鲤鱼，长着鱼的身子、鸟的翅膀、苍色的斑纹、白色的头、红色的嘴，常常在西海活动，在东海畅游，夜里时常跳出水面飞翔。发出的声音和鸾鸡的叫声相似，肉味酸中带甜，吃了以后可以医治癫狂病，它只要一出现，天下就会获得大丰收。

【原文】

2.45　又西三百二十里，曰槐江之山①。丘时之水出焉②，而北流注于泑水。其中多蠃母③，其上多青、雄黄④，多藏琅玕⑤、黄金、玉，其阳多丹粟⑥，其阴多采黄金、银⑦。实惟帝之平圃⑧，神英招司之⑨，其状马身而人面，虎文而鸟翼，徇于四海⑩，其音如榴⑪。南望昆仑，其光熊熊，其气魂魂。西望大泽⑫，后稷所潜也⑬。其中多玉，其阴多榣木之有若⑭。北望诸𡾰⑮，槐鬼离仑居之⑯，鹰鹯之所宅也⑰。东望恒山四成⑱，有穷鬼居之⑲，各在一搏抟⑳。爰有淫水㉑，其清洛洛。有天神焉，其状如牛而八足二首，马尾，其音如勃皇㉒，见则其邑有兵。

【注释】

①槐江之山：槐江山。一说此山为密尔岱山附近的英奇峨

喇斯库木河

盘山；一说此山在新疆与甘肃的交界处。

②丘时之水：丘时水，即今喇斯库木河。

③嬴（luó）母：指螺蛳、蜗牛等。

④青：石青。

⑤琅（láng）玕（gān）：美石。

⑥丹粟：丹砂。

⑦采：这里指纹理色彩。

⑧平圃：即玄圃，传说中的神居处。

⑨英招（sháo）：传说中的神。司：管理。

⑩徇（xùn）：巡行。

⑪榴：同"抽"，引出提取。

⑫大泽：水名，后稷所葬之地。

⑬后稷：周族的始祖，名弃。虞舜命他为农官，教民耕稼。

⑭榣木：大木。若：若木，传说中的树名。

英招

英招　清　汪绂图本

天神

⑮诸毗（pí）：山名。

⑯槐鬼离仑：传说中的神名。

⑰鹯（zhān）：鸟名，外形与鹞相似。

⑱恒山四成：连在一起的四座山。恒山不是今天的恒山。

⑲有穷鬼：一说是鬼的名称；一说是氏族的名称。

⑳搏：通"膊"，胳膊。这里指山的一边。

㉑爰：这里；那里。淫（yáo）水：瑶池，传说中神的住处。

㉒勃皇：动物名。一说是拟声词。

【译文】

再往西三百二十里有座山，名叫槐江山。丘时水发源于这

天神　清　汪绂图本

座山，向北注入泑水。水中生有许多螺。山上有许多石青、雄黄，还有很多上乘的美石、黄金、玉；山的南面多丹砂，北面有很多带彩色纹理的金、银。槐江山其实是黄帝成仙后的住所，由天神英招负责管理，英招长着马身人面，身上有虎一样的斑纹，并长有鸟的翅膀，（英招）在四海巡行，发出的声音像是辘轳抽水的嘶鸣声。（从山上）向南望可以看到昆仑山，那里火光熊熊，雾气缭绕；向西可以望见大泽，后稷死后就埋葬在那里。山中有很多玉石，山的阴面有很多长在榣木上的若木。（从山上）向北可以望见诸毗山，槐鬼离仑就居住在那里，（那里）也是鹰和鹯栖息的地方。向东可以望见连在一起名叫恒山的四座山，有穷鬼就居住在那里，并且各住在山的一边。这里有瑶池，里面的水十分清澈。有一位天神，他的形状像牛，有八只脚、两个脑袋，长着马一样的尾巴，他发音时如勃皇啼叫一般，他只要一出现就会发生战争。

【原文】

2.46　西南四百里，曰昆仑之丘^①，是实惟帝之下都^②，神陆吾司之^③。其神状虎身而九尾，人面而虎爪。是神也，司天之九部及帝之囿时^④。有兽焉，其状如羊而四角，名曰土蝼^⑤，是食人。有鸟焉，其状如蜂，大如鸳鸯，名曰钦原，蠚鸟兽则死^⑥，蠚木则枯。有鸟焉，其名曰鹑鸟^⑦，是司帝之百服。有木焉，其状如棠^⑧，黄华赤实，其味如李而无核，名曰沙棠，可以御水，食之使人不溺。有草焉，名曰䔢草^⑨，其状如葵，其味如葱，食之已劳^⑩。河水出焉^⑪，而南流东注于无达^⑫。赤水出焉，而东南流注于汜天之水^⑬。洋水出焉^⑭，而西南流注于丑涂之水^⑮。黑水出焉^⑯，而西流于大杅^⑰。是多怪鸟兽。

【注释】

①昆仑之丘：昆仑山，古代的昆仑山在今甘肃境内。

②帝：这里指黄帝。下都：在下界的都城。

③陆吾：神名，即开明兽。

④天之九部：天上的九个部界。囿：养动物的园子。时：时节。

⑤土蝼（lóu）：猞（shě）猁（lì）。

陆吾神

⑥蠚（hè）：蜇，蜂、蝎子等用毒刺刺（人或动物）。

⑦鹑鸟：传说中的赤凤。

⑧棠：棠梨。

⑨蘋（pín）草：赖草。

⑩已：治愈。劳：忧愁。

⑪河：黄河。

⑫无达：水名，一说是山名。

⑬氾（sì）天之水：氾天水，即疏勒河。

⑭洋水：水名，可能是今阿姆河。

⑮丑涂之水：丑涂水，阿姆河在阿富汗与塔吉克斯坦边界形成的大泽。

⑯黑水：水名，可能为今甘肃西北的黑河。

⑰大杅（yú）：山名。

土蝼

土蝼　明　蒋应镐绘图本

【译文】

向西南四百里有座山，名叫昆仑山，这里实际上是黄帝在下界的都城，由天神陆吾负责管理。陆吾的形貌像老虎，长着九条尾巴、人一样的脸、虎一样的爪子；这位天神，还掌管着天上的九个部界和天帝苑圃里的时令节气。山中有一种兽，它的形状像羊，长着四只角，它的名字叫做土蝼，能吃人。山中有一种鸟，它的形状像蜂，大小跟鸳鸯差不多，名字叫做钦原，它只要螫一下鸟兽，鸟兽就会死亡；螫一下树木，树木就会枯死。山中还有一种鸟，名叫鹑鸟，（这种鸟）专门管理天帝的各种服饰。山中有一种树木，形状像棠梨，开黄色的花，结红色的果实，果实的味道如李子一般，没有核，它的名字叫做沙棠，可以用来防水，吃了这种果实，人就不会被淹死。山中有一种草，名字叫薲草，其形状如葵一般，味道与葱的味道差不多，人们吃了它能治疗抑郁症。黄河源自昆仑山，先向南流再折向东流，注入无达。赤水源自昆仑山，向东南注入汜天水。洋水源自昆仑山，向西南流入丑涂水。黑水也源自此山，向西流入大杅山附近的水中。昆仑山中生活着很多怪鸟和怪兽。

【原文】

2.47　又西三百七十里，曰乐游之山[1]。桃水出焉，西流注于稷泽[2]，是多白玉，其中多䱤鱼[3]，其状如蛇而四足，是食鱼。

鳎鱼

【注释】

①乐游之山：乐游山，可能在今青海境内。

②稷泽：水名，在叶尔羌河西北，英吉沙漠东南，今已干涸为沙漠。

③鳎（huá）鱼：传说中的一种鱼。

【译文】

再往西三百七十里有座山，名叫乐游山。桃水发源于乐游山，向西流入稷泽，（稷泽）水中有很多白玉，还生有很多鳎鱼，它的形状如蛇一般，长着四只脚，以食鱼为生。

鳎鱼　清　汪绂图本

【原文】

2.48　西水行四百里，曰流沙①，二百里至于蠃母之山②，神长乘司之③，是天之九德也④。其神状如人而豿尾⑤。其上多玉，其下多青石而无水。

长乘

【注释】

①流沙：古时指中国西北的沙漠地区。

②蠃（luó）母之山：蠃母山，可能在今新疆且末附近。

③长乘：神名。

④天之九德：天的九种德行。

⑤豿（zhuó）：传说中的一种兽。

【译文】

　　向西走四百里水路，就到了流沙，再走二百里便到了嬴母山，天神长乘掌管着这座山，长乘禀有天所具备的九种德行。这位天神形貌像人，长着犳一样的尾巴。嬴母山上有很多玉，山下有很多青石，但没有水。

长乘　清　汪绂图本

【原文】

2.49　又西三百五十里，曰玉山[1]，是西王母所居也[2]。西王母其状如人，豹尾虎齿而善啸，蓬发戴胜[3]，是司天之厉及五残[4]。有兽焉，其状如犬而豹文，其角如牛，其名曰狡，其音如吠犬，见则其国大穰[5]。有鸟焉，其状如翟而赤[6]，名曰胜遇，是食鱼，其音如录[7]，见则其国大水。

西王母

西王母　清　汪绂图本

【注释】

①玉山：山名，此山中多玉，故叫玉山，在今新疆和田市。

②西王母：传说中的女神，亦称金母、瑶池金母、瑶池圣母，住在昆仑山的瑶池中。

③胜：古代妇女首饰。

④厉：灾疫。五残：五刑残杀。

⑤穰（ráng）：丰收。

⑥翟（dí）：长尾的野鸡。

⑦录：动物名。一说可能为"鹿"。

狡

【译文】

再向西三百五十里有座山，名叫玉山，这是西王母居住的地方。西王母形貌像人，长着豹一样的尾巴、老虎一样的牙齿，善于长啸，蓬散着头发，头上戴着首饰，它掌管天上的灾疫和五刑残杀。玉山中有一种兽，它的形状像狗，身上有豹一样的斑纹，长着牛一样的角，它被叫做狡，发出的声音跟狗的吠叫声相像，它出现在哪个国家，哪个国家就会获得大丰收。山中有一种鸟，形状像长尾的野鸡，红色，名字叫做胜遇，它以鱼类为食，发出的声音像录的叫声，它出现在哪个国家，哪个国家就会发生水灾。

狡　清　汪绂图本

【原文】

2.50　又西四百八十里，曰轩辕之丘，无草木。泅水出焉，南流注于黑水，其中多丹粟，多青、雄黄①。

【注释】

①青：石青。

【译文】

再往西四百八十里有座山丘，名叫轩辕丘，这里不长草木。洈水发源于此，向南流入黑水，水中有很多丹砂，还有许多石青和雄黄。

【原文】

2.51　又西三百里，曰积石之山①，其下有石门②，河水冒以西流③。是山也，万物无不有焉。

【注释】

①积石之山：积石山，今青海省东南部的阿尼玛卿山。

②石门：这里指大石洞。

③冒：向外透。

【译文】

再往西三百里有座山，名叫积石山，山下有一个巨大的石洞，黄河水从石洞中涌出，向西奔流而去。在这座积石山上，各种各样的东西俱全。

【原文】

2.52　又西二百里，曰长留之山①，其神白帝少昊居之②。其兽皆文尾，其鸟皆文首。是多文玉石。实惟员神魂氏之宫③。是神也，主司反景④。

【注释】

①长留之山：长留山，今新疆布尔汗布达山东北的山脉。

②白帝：古神话中五天帝之一，主西方之神。少（shào）昊（hào）：相传是黄帝之子，是远古时羲和部落的后裔，为华夏部落联盟的首领，同时也是东夷族的首领。

③员神魂（wěi）氏：一说指少昊；一说"员"即"圆"，员神指日神。

④反景：指太阳西落时的景象。景：通"影"。

【译文】

再向西二百里有座山，名叫长留山，此山的山神白帝少昊就居住在这里。山中的野兽尾巴上都有花纹，山中的鸟类脑袋上都有斑纹。山中还有很多带彩色花纹的玉石。这座山其实是员神魂氏的宫殿。这位神掌管太阳落山时光线射向东方的反影。

【原文】

2.53　又西二百八十里，曰章莪之山①，无草木，多瑶、碧②。所为甚怪。有兽焉，其状如赤豹，五尾一角，其音如击石，其名如狰③。有鸟焉，其状如鹤，一足，赤文青质而白喙④，名曰毕方，其鸣自叫也，见则其邑有讹火⑤。

毕方

【注释】

①章莪（é）之山：章莪山。在今青海湖境内。

②瑶：美玉。碧：青绿色的玉石。

③如："如"应作"曰"。狰：怪兽名。

④喙：鸟兽的嘴。

⑤讹火：野火。

狰

【译文】

再往西二百八十里有座山，名叫章莪山，山中不长草木，有很多美玉和青绿色的玉石。山里的东西十分怪异。山中有一种兽，它的形状像红色的豹，长着五条尾巴、一只角，叫声像是敲击石头发出的响声，它的名字叫做狰。山中有一种鸟，它的形状像鹤，只有一只脚，青色的羽毛之上有红色的斑纹，长着白色的嘴巴，这种鸟名叫毕方，它鸣叫起来就好像是在呼喊自己的名字，它在哪里出现，哪里就会有大片的野火。

【原文】

2.54　又西三百里，曰阴山①。浊浴之水出焉②，而南流注于蕃泽③，其中多文贝。有兽焉，其状如狸而白首④，名曰天狗，其音如榴榴，可以御凶。

天狗

【注释】

①阴山：山名，今塔塔河和巴嘎柴达木湖南的山脉。

②浊浴之水：浊浴水，今青海的塔塔凌河。

③蕃泽：水名，可能是今青海的巴嘎柴达木湖。

④狸：山猫。

山猫

【译文】

　　再向西三百里有座山，名叫阴山。浊浴水发源于阴山，向南注入蕃泽，水中有很多带花纹的贝壳。山中有一种野兽，形状像山猫，长着白色的脑袋，名叫天狗，它发出的声音像是猫叫一样，人们可用它来防御凶险。

天狗　明　蒋应镐绘图本

【原文】

2.55　又西二百里，曰符惕之山[1]，其上多棕、枏，下多金、玉。神江疑居之[2]。是山也，多怪雨，风云之所出也。

【注释】

①符惕（dàng）之山：符惕山，当为祁连山中的一个山岭。

②江疑：传说中的神名。

江疑

【译文】

再往西二百里有座山，名叫符惕山，山上生长着许多棕树和楠木，山下有很多金和玉。天神江疑就居住在这座山上。此山中，常常会下怪雨，风和云就是从这里兴起的。

楠木

【原文】

2.56　又西二百二十里，日三危之山^①，三青鸟居之^②。是山也，广员百里。其上有兽焉，其状如牛，白身四角，其豪如披蓑^③，其名曰傲𢷬^④，是食人。有鸟焉，一首而三身，其状如鸮^⑤，其名曰鸱^⑥。

【注释】

①三危之山：三危山，在今甘肃敦煌市。

②三青鸟：传说中为西王母取食的鸟。

③豪：通"毫"，细而尖的毛。

④徼（ào）徊（yě）：传说中的兽。

⑤鸼（luò）：鸟名，形状像雕。

⑥鸱（chī）：传说中的一种鸟。

徼徊

徽彻　明　蒋应镐绘图本

【译文】

　　再往西二百二十里有座山，名叫三危山，三青鸟就栖居在这里。这座山，方圆百里。山上有一种野兽，形状像牛，身子为白色，头上长着四只角，身上的毛如披着的蓑衣一般，它名字叫徽彻，能吃人。山中有一种鸟，长着一个脑袋、三个身子，形状与鸦鸟相似，它的名字叫做鸱。

三青鸟

三青鸟　清　汪绂图本

鸱

鸱　清　汪绂图本

【鸱鸟】

在民间传说中，鸱鸟不喝泉水和井水，只有遇到下雨沾湿了羽毛，才能喝到水。它的外形与猫头鹰相似，被认为是威猛和必胜的象征，因此大量出现在商周的礼器上。古人认为，它作为灵魂的引导者和守护者，身上具有某种神圣的性质，因此汉代一些与丧葬有关的绘画中，常出现这种鸟。但由于它外形丑陋、声音难听，逐渐被后代人视为不祥之鸟。据说，唐肃宗的张皇后为了篡权，常将鸱鸟的脑子和在酒中呈给肃宗，人喝了之后就会长时间醉酒并变得健忘。

172

【原文】

2.57　又西一百九十里，曰騩山[①]，其上多玉而无石。神耆童居之[②]，其音常如钟磬。其下多积蛇[③]。

【注释】

①騩（guī）山：山名，今甘肃、青海、新疆三省（区）交界处的当金山。

②耆（qí）童：也称老童，古代神话中的神名，颛顼之子。

③积蛇：堆在一起的蛇。

【译文】

再往西一百九十里有座山，名叫騩山，山上有很多玉，没有石头。名叫耆童的神就居住在此山中，他发出的声音像是敲击钟磬发出的声响。山下有很多堆积在一起的蛇。

	《山海经》中名称	今　考
山海经 地理 古今考	章莪之山	青海省都兰县汗布达山区中的山脉
	阴　山	塔塔河和巴嘎柴达木湖南的山脉
	符之山	祁连山中的一个山岭
	三危之山	甘肃省敦煌市的三危山
	騩　山	当金山，位于甘肃、青海、新疆三省（区）的交界处

【原文】

2.58　又西三百五十里，曰天山[1]，多金、玉，有青、雄黄[2]。英水出焉，而西南流注于汤谷[3]。有神焉，其状如黄囊，赤如丹火，六足四翼，浑敦无面目，是识歌舞，实为帝江也[4]。

【注释】

①天山：山名。一说是天山山脉东段；一说在今甘肃境内；一说在昆仑山脉北面。

②青：石青。

③汤（yáng）谷：今吐鲁番盆地。

④帝江：传说中的神名。

帝江

【译文】

再往西三百五十里有座山，名叫天山，山上有很多金和玉，还有石青和雄黄。英水发源于天山，向西南流入汤谷。山中有一位神，他的形状像黄色的皮囊，红如火焰，长着六只脚、四只翅膀，脑袋部位浑沌一团，分不清面目，却会唱歌跳舞，它其实就是帝江。

帝江　清　汪绂图本

【帝江混沌】

帝江就是上古神兽之一的浑沌，是中央的天帝，浑沌的皮肤红如丹火，但没有面部。倏和忽常去他那儿玩耍，每次去浑沌都会殷勤周到地招待他们。倏和忽很感激，便在一块儿商量怎么报答浑沌的友情。他们说："每个人都有耳鼻口眼七窍，方便视听饮食，唯独浑沌什么都没有，我们不妨帮他凿出七窍来吧。"于是，他们找来了斧头、凿子之类的工具给浑沌凿七窍。他们一日一凿，七天后终于把七窍凿成了，而浑沌也一命呜呼了。

【原文】

2.59　又西二百九十里，日泑山^①，神蓐收居之^②。其上多婴短之玉^③，其阳多瑾、瑜之玉^④，其阴多青、雄黄。是山也，西望日之所入，其气员，神红光之所司也^⑤。

【注释】

①泑（yōu）山：山名。一说是阿尔金山南段；一说是吐鲁番盆地北缘的火焰山。

②蓐（rù）收：古代传说中的西方神名，司秋。

③婴短：玉石名。

④瑾：美玉。瑜：美玉。

⑤红光：传说中的神名。

【译文】

再往西二百九十里有座山，名叫泑山，名叫蓐收的神就居住在这里。山上有很多婴短玉，山的南面有很多美玉，北面有很多石青和雄黄。从此山向西望去，可以看见太阳落山时的浑圆气象，这种景象，正是由名叫红光的神掌管的。

【原文】

2.60　西水行百里，至于翼望之山[①]，无草木，多金、玉。有兽焉，其状如狸[②]，一目而三尾，名曰讙[③]，其音如夺百声[④]，是可以御凶，服之已瘅[⑤]。有鸟焉，其状如乌，三首六尾而善笑，名曰鵸鵌[⑥]，服之使人不厌[⑦]，又可以御凶。

讙

【注释】

①翼望之山：翼望山，在库尔汗山西南面。

②狸：山猫。

③讙（huān）：传说中的一种兽。

④夺：同“夺”，这里指压倒、胜过。

⑤已：治愈。瘅：通“疸”，黄疸病。

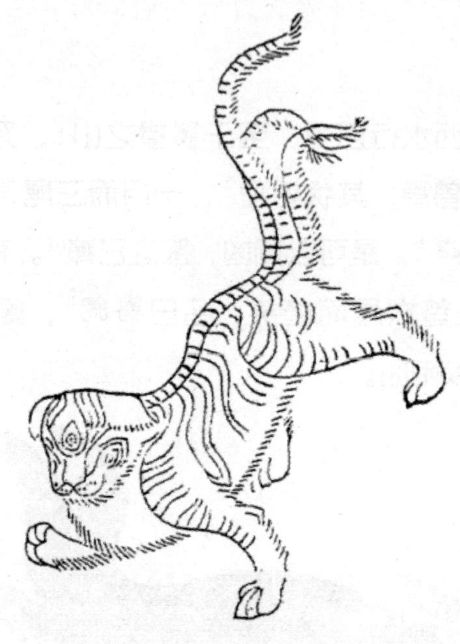

蠪　清　毕沅图本

⑥鸹鸮（yú）：传说中的一种鸟。

⑦厌：梦魇。

【译文】

往西走一百里水路，就到了翼望山，山中不长草木，有很多金和玉。山中有一种兽，它的形状与山猫相似，长着一只眼睛，且有三条尾巴，名字叫蠪，它的叫声仿佛能盖过各种声音，可以用它来防御凶险，人们食用它可以治疗黄疸病。山中有一种鸟，形状似乌鸦一般，长着三个脑袋、六条尾巴，经常发出笑声，它的名字叫鸹鸮，人吃了它的肉就不会梦魇，还可以防御凶险。

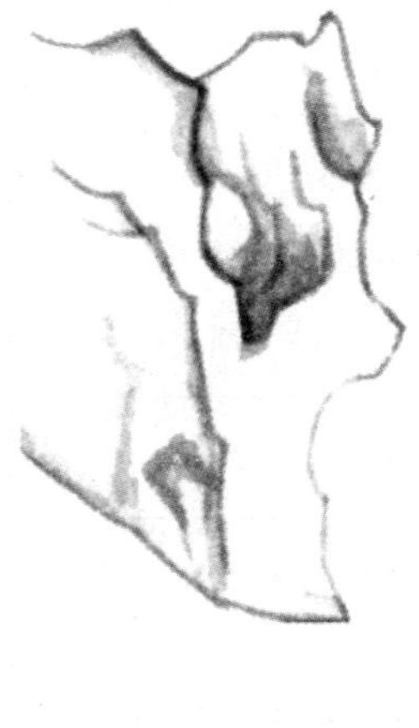

鸺鹠

鸺鹠　清　汪绂图本

	《山海经》中名称	今　考
山海经 地　理 古今考	天　山	一说是甘肃省的祁连山；一说是新疆天山山脉东部的博格罗山；一说是昆仑山脉北面的帖尔斯克伊山
	汤　谷	吐鲁番盆地
	渤　山	一说是阿尔金山南段；一说为新疆的火焰山

【原文】

2.61　凡西次三经之首，崇吾之山至于翼望之山，凡二十三山，六千七百四十四里。其神状皆羊身人面。其祠之礼，用一吉玉瘞[①]，糈用稷米[②]。

羊身人面神

羊身人面神　清　汪绂图本

【注释】

①吉玉：彩色的玉。瘗（yì）：埋葬。

②稷：古代一种粮食作物，指粟或黍。

【译文】

总计西次三经中的山，从首座崇吾山起到翼望山为止，共有二十三座山，距离为六千七百四十四里。这些山的山神的形象，都是羊身人面。祭祀这些山神的方法是：把一块吉玉埋入地下，将稷米作为祀神用的精米。

山海经地理古今考	《山海经》中名称	今　考
	崇吾之山	一说在青海省茶卡盐湖附近；一说为昆仑山系中的祁曼山
	翼望之山	在库尔汗山西南面

四、西次四经

【导读】

　　《西次四经》记载了从阴山到崦嵫山共计十九座山的地理位置和山川风貌。这些山大致分布在今陕西、甘肃、宁夏、内蒙古境内。

这列山系中多怪兽，如独手独脚的神槐，形态似虎、背生双翼的穷奇，人脸蛇尾、背生翅膀的孰湖。

【原文】

2.62　西次四经之首，曰阴山^①，上多榖^②，无石，其草多茆蕃^③。阴水出焉^④，西流注于洛^⑤。

【注释】

①阴山：山名，在今陕西境内。

②榖（gǔ）：疑应作"榖"，构树。

③茆（máo）：通"茅"，茅草。蕃：通"薠"，即青薠，一种草。

④阴水：水名，今石门河。

⑤洛：洛河。

【译文】

西次四经中的首座山，名叫阴山，山上生长着很多构树，没有石头，山中的草多是茅草、青薠。阴水发源于阴山，向西流入洛河。

【原文】

2.63　北五十里，曰劳山^①，多茈草^②。弱水出焉^③，而西流注于洛^④。

劳山

【注释】

①劳山：山名，在今陕西境内。

②茈（zǐ）草：紫草。

③弱水：水名，一说是今黄连河；一说是今甘泉河、介子河，流经陕西甘泉县。

④洛：洛河。

【译文】

往北五十里有座山，名叫劳山，山上长着很多紫草。弱水发源于此山，向西流入洛河。

芘草

【原文】

2.64　西五十里，曰罢父之山^①，洱水出焉^②，而西流注于洛^③，其中多芘、碧^④。

【注释】

①罢父之山：罢父山，在今陕西境内。

②洱水：水名，一说今仙宫河；一说今周河。

③洛：洛河。

④芘：紫石。碧：青绿色的玉石。

洛河

【译文】

向西五十里有座山，名叫罢父山，洱水发源于此山，向西流入洛河，山中有许多紫石及青绿色的玉石。

【原文】

2.65　北百七十里，曰申山①，其上多榖、柞②，其下多杻、橿③，其阳多金、玉。区水出焉④，而东流注于河。

构树

柞树

檍树

橿树

【注释】

①申山：山名，一说在今陕西境内；一说是今黄龙山。

②榖：疑应作"榖"，即构树。柞（zuò）：柞树。

③杻（niǔ）：即檍树。橿（jiāng）：木名，古时用作造车
的材料。

④区（ōu）水：水名，可能为位于延安的延河。

【译文】

向北一百七十里有座山，名叫申山，山上有很多构树和柞树，山下生长着许多杻树和橿树，山的南面有很多金和玉。区水发源于此山，向东流入黄河。

【原文】

2.66　北二百里，曰鸟山[1]，其上多桑，其下多楮，其阴多铁，其阳多玉。辱水出焉[2]，而东流注于河。

大盘山

【注释】

[1]鸟山：山名，今大盘山。

[2]辱水：水名，可能为今陕西的清涧河，又名秀延河。

秀延河

【译文】

向北二百里有座山，名叫鸟山，山上长着很多桑树，山下长着很多构树，山的北面有很多铁，南面有很多玉石。辱水发源于此山，向东流入黄河。

【原文】

2.67　又北百二十里，日上申之山[①]，上无草木，而多硌石[②]，下多榛、楛[③]，兽多白鹿。其鸟多当扈[④]，其状如雉，以其髯飞[⑤]，食之不眴目[⑥]。汤水出焉[⑦]，东流注于河。

【注释】

①上申之山：上申山，今崆峒山。

当扈

②硌（luò）：山上的大石。

③榛（zhēn）：落叶灌木或小乔木，叶子为圆形或倒卵形，坚果为球形。楛（hù）：古书上指荆一类的植物。

④当扈：传说中的一种鸟。

⑤髯：两颊上的胡须。

⑥眴（xuàn）：通"眩"，眼睛昏花。

⑦汤水：水名，即今云岩河，在延河南面。

当扈　清　汪绂图本

【译文】

再向北二十里有座山，名叫上申山，山上不长草木，却有很多大的石头，山下长着很多榛和楛，山里的野兽多是白鹿。山里的鸟多为当扈，这种鸟的形状像野鸡，它借助自己长长的胡子飞翔，人们吃了它的肉，可以使眼睛不昏花。汤水发源于申山，向东流入黄河。

	《山海经》中名称	今　考
山海经地理古今考	阴　山	陕西省境内的将军山
	劳　山	陕西省甘泉县境内的一座山
	罢父之山	在陕西省境内
	申　山	一说是陕西省安塞县北部的芦关岭；一说是黄龙山

【原文】

2.68　又北百八十里，曰诸次之山[①]，诸次之水出焉[②]，而东流注于河。是山也，多木无草，鸟兽莫居，是多众蛇。

【注释】

①诸次之山：诸次山，一说在今陕西榆林北；一说为梁山。

②诸次之水：诸次水，一说为延河；一说是流经陕西佳县的佳芦河。

【译文】

再往北一百八十里有座山，名叫诸次山，诸次水发源于此山，向东流入黄河。在这座山上，长着很多树，不长草，也没有鸟兽栖居，但有很多不同种类的蛇。

【原文】

2.69　又北百八十里，曰号山①，其木多漆、棕②，其草多药、虈、芎③。多泠石④。端水出焉⑤，而东流注于河。

药

【注释】

①号山：山名，在今陕西境内。

②漆：漆树。棕：棕榈。

漆树

③药（yuè）：即白芷。蓠（xiāo）：白芷。芎（xiōng）䓖（qióng）：川芎。

④泠（gàn）石：矿石名，一说在古时用作黑色染料。

⑤端水：水名，一说是今陕西境内的秃尾河。

秃尾河

芎䓖

【译文】

　　再向北一百八十里有座山，名叫号山，山里生长的树木多是漆树、棕榈，生长的草多为白芷草、川芎。山中有很多泠石。端水由此山发源，向东流入黄河。

【原文】

2.70　又北二百二十里，曰盂山[1]，其阴多铁，其阳多铜，其兽多白狼、白虎，其鸟多白雉、白翟[2]。生水出焉[3]，而东流注于河。

长尾野鸡

【注释】

①盂山：山名，在今陕西境内。

②雉：野鸡。翟（dí）：长尾野鸡。

③生水：水名，今黄河支流无定河。

【译文】

再往北二百二十里有座山，名叫盂山，山的北面有很多铁，南面有很多铜，山中的野兽多为白狼和白虎，鸟类多为白雉和白色的长尾野鸡。生水发源于盂山，向东流入黄河。

【原文】

2.71　西二百五十里，曰白于之山①，上多松、柏，下多栎、檀②，其兽多柞牛、羬羊③，其鸟多鸮④。洛水出于其阳⑤，而东流注于渭；夹水出于其阴⑥，东流注于生水⑦。

【注释】

①白于之山：白于山，在今陕西境内。

②栎（lì）：栎树。檀：檀树。

③柞（zuó）牛：野牛。羬（qián）羊：野生的大尾羊。

④鸮（xiāo）：猫头鹰一类的鸟。

⑤洛水：洛河。

⑥夹水：水名。一说即今陕西的红柳河。

⑦生水：水名，今黄河支流无定河。

【译文】

向西二百五十里有座山，名叫白于山，山上长着很多松树和柏树，山下长着很多栎树和檀树，山中的野兽多为牛、羬羊，鸟多为鸮。洛水发源于这座山的南面，向东注入渭河；夹水发源于此山的北面，向东流入生水。

【原文】

2.72　西北三百里，曰申首之山①，无草木，冬夏有雪。申水出于其上②，潜于其下，是多白玉。

【注释】

①申首之山：申首山。一说在今陕西境内；一说在今宁夏境内。

②申水：水名，今蒲河。

【译文】

向西北三百里有座山，名叫申首山，山上不长草木，冬夏两季都会下雪。申水由这座山的上面发源，流到山下后潜入地下，这一带有很多白玉。

【原文】

2.73　又西五十五里，曰泾谷之山①。泾水出焉②，东南流注于渭，是多白金、白玉。

【注释】

①泾谷之山：泾谷山。一说在今陕西境内；一说在今宁夏境内。

②泾水：水名，一说是今泾河。

【译文】

再往西五十五里有座山，名叫泾谷山。泾水发源于泾谷山，向东南流入渭水，这一带有很多白金和白玉。

	《山海经》中名称	今　考
山海经 地　理 古今考	诸次之山	一说在陕西省榆林市北部的毛乌素沙漠中；一说为梁山
	号　山	陕西省北部的高柏山
	盂　山	陕西省北部的横山
	白于之山	在陕西省志丹县的北部

【原文】

2.74　又西百二十里，曰刚山[1]，多柒木[2]，多㻬琈之玉[3]。刚水出焉，北流注于渭。是多神𩳁[4]，其状人面兽身，一足一手，其音如钦[5]。

神𩳁

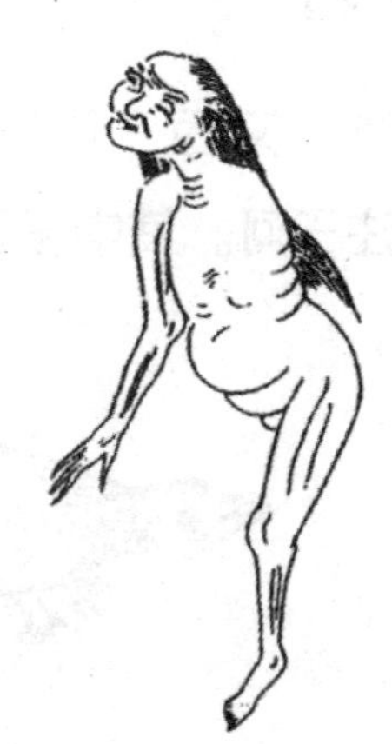

神𩳁　清　汪绂图本

【注释】

①刚山：山名，今祁连山东延余脉屈吴山。

②柒木：漆树。

③璏（tū）琈（fú）：美玉名。

④神䰢（chì）：传说中的一种兽。

⑤钦：通"吟"，呻吟。

【译文】

再向西一百二十里有座山，名叫刚山，山中长有很多漆树，还有很多璏琈玉。刚水发源于此山，向北流入渭河。山中有很多神䰢，形状为人面兽身，只有一只手、一只脚，叫声如人的呻吟声一般。

【原文】

2.75　又西二百里，至刚山之尾①。洛水出焉②，而北流注于河。其中多蛮蛮③，其状鼠身而鳖首，其音如吠犬。

蛮蛮

【注释】

①刚山：山名，今祁连山东延余脉屈吴山。

②洛水：水名，不是现在的洛河。一说是甘肃境内的祖厉河；一说是宁夏境内的清水河。

③蛮蛮：兽名，一说指水獭。

蛮蛮　明　蒋应镐绘图本

【译文】

再往西二百里，便到了刚山的尾端。洛水发源于这一带，向北流入黄河。洛水中有很多蛮蛮，长着鼠一样的身子、鳖一样的脑袋，发出的声音如狗吠声一般。

山海经动物古今考	《山海经》中名称	今　考
	雉	野　鸡
	羬　羊	野生的大尾羊

【原文】

2.76　又西三百五十里，曰英鞮之山①，上多漆木，下多金、玉，鸟兽尽白。涴水出焉②，而北流注于陵羊之泽③。是多冉遗之鱼④，鱼身、蛇首、六足，其目如马耳，食之使人不眯⑤，可以御凶。

冉遗鱼

【注释】

①英鞮（dī）之山：英鞮山，在今甘肃境内。

②涴（yuān）水：水名，今甘肃河西走廊东端的石羊河。

③陵羊之泽：陵羊泽，水名，今甘肃省白亭海。

④冉遗之鱼：冉遗鱼，传说中的一种鱼。

⑤眯（mì）：梦魇。

【译文】

再往西三百五十里有座山，名叫英鞮山，山上长着很多漆树，山下有很多金和玉，山中鸟兽都是白色的。涴水发源于此山，向北流入陵羊泽。涴水中有很多冉遗鱼，长着鱼一样的身子、蛇一样的脑袋，有六只脚，眼睛的形状如马的耳朵一般，人吃了这种鱼的肉就不会梦魇，还可以用它来防御凶险。

冉遗鱼　清　汪绂图本

【原文】

2.77　又西三百里，曰中曲之山①，其阳多玉，其阴多雄黄、白玉及金。有兽焉，其状如马而白身黑尾，一角，虎牙爪，音如鼓音，其名曰駮，是食虎豹，可以御兵②。有木焉，其状如棠而员叶赤实③，实大如木瓜，名曰櫰木④，食之多力。

棠梨

【注释】

①中曲之山：中曲山。一说是今甘肃境内的天梯山；一说在今内蒙古境内。

②兵：武器。

③棠：棠梨。

④櫰（huái）木：櫰槐，一种落叶乔木。

【译文】

再往西三百里有座山，名叫中曲山，中曲山南面有很多玉石，北面有很多雄黄、白玉和金。山中有一种兽，它的形状像马，长着白色的身子、黑色的尾巴、一只角，有老虎一样的牙

駮

齿和爪子，发出的叫声如击鼓声音一般，这种兽的名字叫，它
能吃老虎和豹子，人们可用它来抵御兵器的伤害。山中有一种
树，它的形状像棠梨，长着圆圆的叶子，结红色的果实，果实
的大小如木瓜一般，这种树的名字叫櫰木，人吃了它的果实能
增添力气。

駮　清　汪绂图本

【駮马】

传说中的一种猛兽，外形像马，以老虎、豹子为食。《管子·小问》篇记载，齐桓公骑马出行，途中遇见老虎，然而奇怪的是，老虎不但没有扑过来，还趴在地上不敢动。桓公很惊奇，便问旁边的管仲："这是什么缘故？"管仲回答说："您所骑的马是马，它吃虎豹，老虎怕它，所以不敢动啊。"

【原文】

2.78　又西二百六十里，曰邽山①，其上有兽焉，其状如牛，猬毛，名曰穷奇，音如獆狗②，是食人。濛水出焉③，南流注于洋水④，其中多黄贝、嬴鱼⑤，鱼身而鸟翼，音如鸳鸯，见则其邑大水。

穷奇

【注释】

①邽（guī）山：山名，在今甘肃省境内。

②獋（háo）：野兽吼叫。

③濛水：今甘肃天水市的来谷河。

④洋水：今湟水河，流经西宁城北，是黄河的重要支流。

⑤蠃（luó）鱼：传说中的一种鱼。

穷奇　明　胡文焕图本

【译文】

再往西二百六十里有座山，名叫邽山。山上有一种兽，形状像牛，身上的毛如刺猬身上的刺一般，它的名字叫穷奇，发出的声音如同狗吠声，能吃人。濛水发源于此山，向南流入洋水，水中有很多黄色的贝和蠃鱼，蠃鱼长着鱼身，有鸟一样的翅膀，叫声像鸳鸯的鸣叫声，它只要一出现就会发生水灾。

【穷奇兽】

中国神话传说中的恶神，专门奖恶惩善，包庇奸人。它能听懂人话，听到有人打架就过去，并将有理的一方的鼻子咬掉；听说谁忠信诚实，就吃掉谁；如果有人犯下恶行，穷奇就会捕捉野兽送给他，以鼓励他多做坏事。于是古人就把性情凶恶行为邪僻的人称为穷奇。穷奇也并非一无是处，在古代一种名为"大傩"的驱鬼仪式中，有十二兽，是十二种吞食恶鬼的猛兽，穷奇正是其中之一，众邪神见了它，无不仓皇逃走，再也不敢危害人间。

赢鱼   赢鱼　清　汪绂图本

【原文】

2.79　又西二百二十里，曰鸟鼠同穴之山[1]，其上多白虎、白玉。渭水出焉，而东流注于河，其中多鳐

鱼[2]，其状如鳣鱼[3]，动则其邑有大兵。濫水出于其西[4]，西流注于汉水[5]，多鰠鮀之鱼[6]，其状如覆铫[7]，鸟首而鱼翼鱼尾，音如磬石之声[8]，是生珠玉。

鰠鱼

鰠鱼　清　汪绂图本

【注释】

①鸟鼠同穴之山：今鸟鼠山，在今甘肃渭源县西南。

②鳐（sāo）鱼：传说中的一种鱼。

③鳣（zhān）：鲟，即鳇。

④滥水：北陇水，在今甘肃临潭县。

⑤汉水：一说应作"洮水"，即今洮河。

⑥𩵋（rú）魮（pí）：传说中的一种鱼。

⑦铫（yáo）：一种带柄有嘴的小锅。

⑧磬石：适宜制磬的美石。

铫

【译文】

再往西二百二十里有座山，名叫鸟鼠同穴山，山上有很多白虎和白玉。渭水发源于此山，向东流入黄河。渭水中有许多鳐鱼，它的形状像鳣鱼，它在哪个地方出现，那里就会发生大的战争。滥水发源于此山的西面，向西注入汉水，水中有很多

鳘鮧鱼，形状像倒扣着的铫，长着鸟一样脑袋、鱼一样的鳍和尾巴，叫声像敲击磬石的响声，它能从体内排出珠玉。

鳘鮧鱼

鳘鮧　鱼　蒋本

	《山海经》中名称	今　考
山海经 地　理 古今考	英鞮之山	甘肃省境内的乌鞘岭
	中曲之山	一说是甘肃省境内的天梯山；一说在内蒙古境内
	邽　山	甘肃省的燕麦山
	鸟鼠同穴之山	甘肃省渭源县西南部的鸟鼠山

【原文】

2.80　西南三百六十里，曰崦嵫之山①，其上多丹木②，其叶如榖③，其实大如瓜，赤符而黑理④，食之已瘅⑤，可以御火。其阳多龟，其阴多玉。苕水出焉⑥，而西流注于海⑦，其中多砥砺⑧。有兽焉，其状马身而鸟翼，人面蛇尾，是好举人，名曰孰湖。有鸟焉，其状如鸮而人面⑨，蜼身犬尾⑩，其名自号也，见则其邑大旱。

孰湖

敪湖　明　蒋应镐绘图本

人面鸮

人面鸮　明　胡文焕图本

【注释】

①崦（yān）嵫（zī）之山：崦嵫山。传说是日落的地方，在今甘肃天水市西部。

②丹木：植物名，一说是槭树。

③穀：应作"穀"，构树。

④柎：通"柎"，花萼，花瓣外部的一圈叶状绿色小片。

⑤已：治愈。瘅：通"疸"，黄疸病。

⑥苕水：水名，今青海省境内的哈伦乌苏河。

⑦海：一说指青海湖；一说疑为甘肃、青海、四川边境的沼泽地。

⑧砥砺：磨刀石。

⑨鸮（xiāo）：猫头鹰一类的鸟。

⑩蜼（wèi）：一种长尾猿。

长尾猿

【原文】

2.81　凡西次四经自阴山以下，至于崦嵫之山，凡十九山，三千六百八十里。其神祠礼，皆用一白鸡祈，糈以稻米，白菅为席①。

阴山

山神庙

崦嵫山

【注释】

①菅：菅茅。

【译文】

总计西次四经中的山，从第一座阴山以下，一直到崦嵫山，共有十九座山，距离为三千六百八十里。祭祀这些山的山神的仪式为：都用一只白鸡为祭品来祈祷，以稻米作为祭神用的精米，以白茅作为山神的坐席。

山海经地理古今考	《山海经》中名称	今　考
	崦嵫之山	甘肃省天水市的大通雪山，传说中认为这是日落的地方
	海	一说指青海湖；一说疑为甘肃、青海、四川边境的沼泽地

【原文】

2.82　右西经之山，凡七十七山，一万七千五百一十七里。

【译文】

以上是西山经中记载的山，总共有七十七座，距离为一万七千五百一十七里。

山岳连绵

第三卷 北山经

　　《北山经》包括《北山一经》和《北次二经》、《北次三经》三篇，记载了中国北部的一系列山和发源于这些山的河流，在这些山上生长的植物、动物及其形状、特点，山中出产的矿物，还有相关的神话传说，掌管这些山的山神的形状、祭祀这些山神的方法等。《北山经》共记述了八十八座山，位于今宁夏、新疆、山西、河南、河北、内蒙古及蒙古国境内，其中近四分之一的山的具体位置可以确定。

北山一经路线示意图

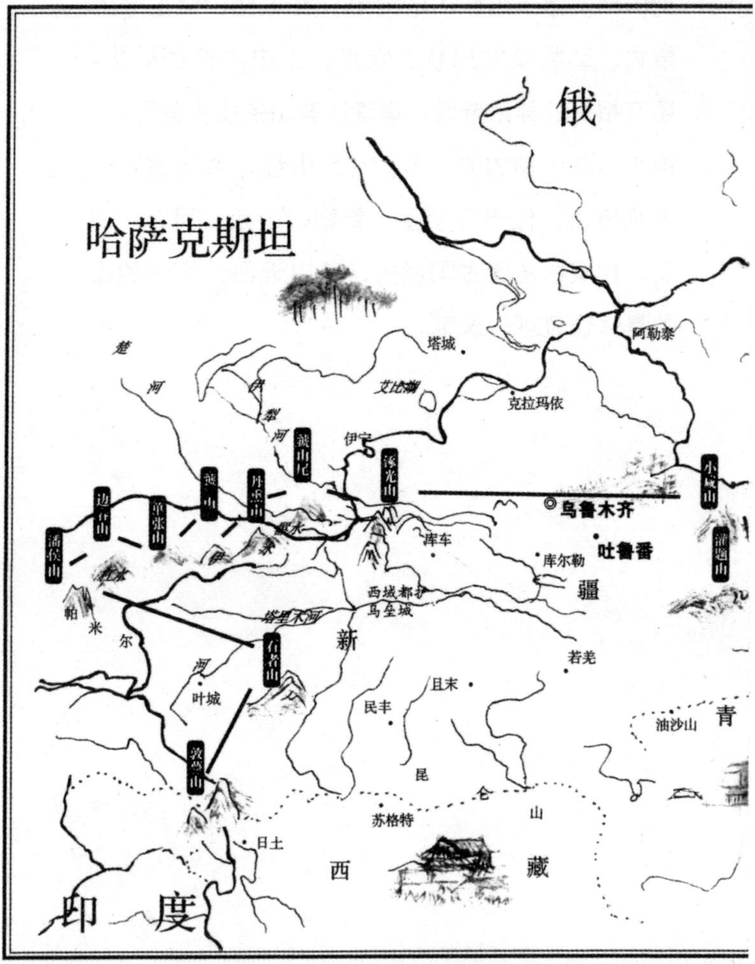
俄
哈萨克斯坦
塔城
阿勒泰
楚河
伊犁河
艾比湖
克拉玛依
伊宁
虢山尼
涿光山
小咸山
丹熏山
虢山
单张山
边春山
潘侯山
乌鲁木齐
库车
库尔勒
吐鲁番
疆
西域都护
乌垒城
塔里木河
帕米尔
石者山
新
若羌
叶城
且末
民丰
油沙山
青
昆仑山
苏格特
日土
西藏
印度

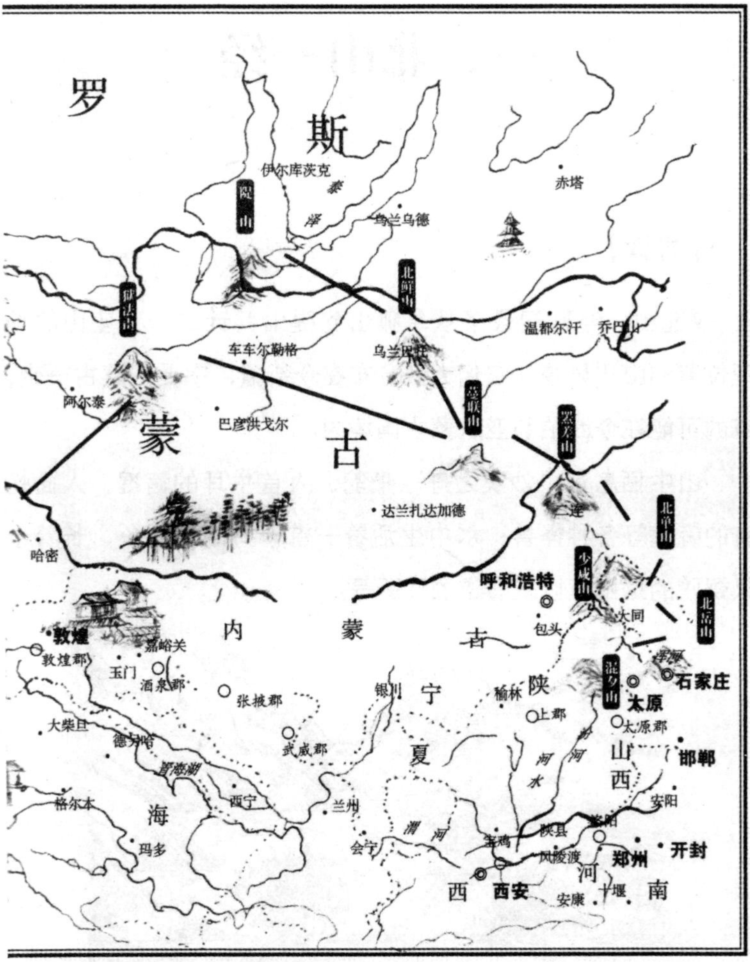

罗
斯
蒙
古
内　蒙　古
伊尔库茨克
泰加
乌兰乌德
赤塔
恒山
北鲜山
温都尔汗　乔巴山
狱法山
车车尔勒格
乌兰巴托
阿尔泰
巴彦洪戈尔
蟊联山
罴差山
达兰扎达加德
二连
北单山
哈密
少咸山
呼和浩特
北岳山
敦煌
嘉峪关
大同
敦煌郡
玉门
包头
浑夕山
太原
石家庄
酒泉郡
张掖郡
银川
榆林
汾河
太原郡
邯郸
大柴旦
武威郡
陕西
山西
安阳
德令哈
宁
上郡
茶卡湖
西宁
夏
河水
格尔木
海
兰州
渭河
陕县
郑州　开封
玛多
会宁
宝鸡
风陵渡
河　南
西
西安
安康　十堰

一、北山一经

【导读】

《北山一经》记录了从单狐山到隄山共计二十五座山的地理位置和山川风貌，它们大致分布在今新疆、宁夏、蒙古一带，有的可能在今西伯利亚、蒙古国境内。

山中栖息有"沙漠之舟"橐驼、人首牛耳的诸犍、人面蛇身的窫窳等各种怪兽；水中生活着一首十身的何罗鱼、长着十只翅膀的鳛鳛鱼以及有毒的江豚等。

【原文】

3.1　北山经之首，曰单狐之山^①，多机木^②，其上多华草^③。滽水出焉，而西流注于泑水，其中多茈石、文石^④。

【注释】

①单狐之山：单狐山。一说为今贺兰山一部分，一说在今新疆境内。

②机木：木名，桤木。

③华草：一说指草名；一说指多花之草。

④茈（zǐ）石：疑为"茈"，紫色的石头。

【译文】

北山经中的第一座山，名叫单狐山，山中长着许多桤木，山上长有许多华草。滽水发源于此山，向西流入泑水，水中有很紫色的和带花纹的石头。

【原文】

3.2　又北二百五十里，曰求如之山^①，其上多铜，其下多玉，无草木。滑水出焉^②，而西流注于诸毗之水。其中多䰽鱼^③，其状如鳝，赤背，其音如梧^④，食之已疣^⑤。其中多水马^⑥，其状如马，文臂牛尾，其音如呼^⑦。

滑鱼

【注释】

①求如之山：求如山。一说是天主山脉的一部分；一说是苏浑山。

②滑水：水名。

③滑鱼：鱼名，疑作"鳎鱼"。

④梧：琴。

⑤已：治愈。疣（yóu）：俗称瘊子。

⑥水马：动物名，一说指河马。

⑦呼：人呼叫。

鲥鱼　清　汪绂图本

【译文】

再向北二百五十里有座山，名叫求如山，山上有很多铜，山下有很多玉，不长草木。滑水发源于此山，向西流入诸毗水。滑水中有很多滑鱼，形状如鳝鱼一般，背部呈现红色，发出的声音如琴声一般，人吃了它可以治疗瘊子。水中有很多水马，形状与马相似，前肢上有花纹，长着牛一样的尾巴，叫声像人的呼喊声。

水马

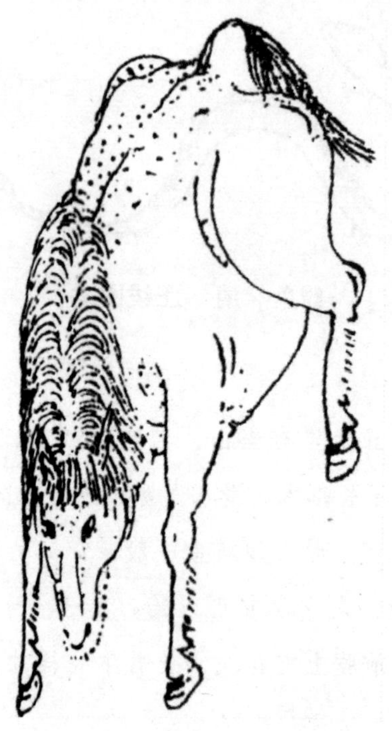

水马　清　汪绂图本

【原文】

3.3　又北二百里，曰带山^①，其上多玉，其下多青碧^②。有兽焉，其状如马，一角有错^③，其名曰䑏疏^④，可以辟火。有鸟焉，其状如乌，五采而赤文，名曰鹕鸰^⑤，是自为牝牡^⑥，食之不疽^⑦。彭水出焉，而西流注于芘湖之水，其中多儵鱼^⑧，其状如鸡而赤毛，三尾、六足、四首，其音如鹊，食之可以已忧。

228

儵鱼

儵鱼　明　郝懿行图本

【注释】

①带山：山名。一说是哈拉钱客套山；一说是贺兰山的一部分。

②青碧：青色的玉石。

③错：用来打磨玉石的石头。

④朣（huān）疏：传说中的一种兽。

⑤鹕鹕（yú）：传说中的一种鸟。

⑥牝牡：动物的雌性和雄性。

⑦疽（jū）：中医指一种毒疮。

⑧鲦（tiáo）鱼：传说中的怪鱼。

朣疏

【译文】

　　再往北二百里有座山，名叫带山，山上有很多玉，山下有很多青色的玉石。山中有一种野兽，形状似马，长着一只角，角上有磨刀石般坚硬的角质层，这种兽的名字叫朦疏，人们可以用它来避火。山中有一种鸟，形状像乌鸦，身上五彩斑斓，有红色斑纹，这种鸟名叫鹅鹁，此鸟雌雄同体，吃了它的肉，人就不会患痈疽。彭水发源于这座山，向西流入芘湖水，水中有很多儵鱼，它的形状像鸡，长着红色的羽毛，有三条尾巴，六只脚，四个脑袋，它的叫声像喜鹊，人吃了它的肉就不再忧愁。

朦疏　清　汪绂图本

《山海经》中名称	今 考
山海经地理古今考	
单狐之山	可能指今宁夏、内蒙古交界处贺兰山的一部分
求如之山	一说是天山主脉的天可汗岭；一说是天可汗岭及其西之青砂岭的总称苏浑山
滑 水	可能指今汉中的湑水河
带山	一说是哈拉钱客套山；一说是今宁夏、蒙古交界处贺兰山的一部分

【原文】

3.4　又北四百里，曰谯明之山①。谯水出焉，西流注于河。其中多何罗之鱼②，一首而十身，其音如吠犬，食之已痈③。有兽焉，其状如貆而赤豪④，其音如榴榴，名曰孟槐，可以御凶。是山也，无草木，多青、雄黄⑤。

何罗鱼

【注释】

①譙（qiáo）明之山：譙明山。一说在今新疆境内。

②何罗之鱼：何罗鱼，传说的一种鱼。

③痈（yōng）：一种毒疮。

④貆（huán）：豪猪。豪：通"毫"，指细而尖的毛。

⑤青：石青。

何罗鱼　明　蒋应镐绘图本

孟槐

孟槐　明　胡文焕图本

【译文】

　　再往北四百里有座山，名叫谯明山。谯明水发源于谯明山，向西流入黄河。水中有很多何罗鱼，它们长着一个鱼头，十个身子，发出的声音像狗吠声，人们吃了何罗鱼的肉可以治疗痈肿病。山中有一种野兽，形状像豪猪，长着红色的毛，发出的声音像是猫的叫声，这种兽名叫孟槐，人们可用它来抵御凶险。谯明山上不长草木，有很多石青、雄黄。

【原文】

　　3.5　又北三百五十里，曰涿光之山①。嚣水出焉②，而西流注于河。其中多鳛鳛之鱼③，其状如鹊而十翼，鳞皆在羽端，其音如鹊，可以御火，食之不瘅④。其上多松柏，其下多棕橿⑤，其兽多羚羊，其鸟多蕃⑥。

鳛鳛鱼

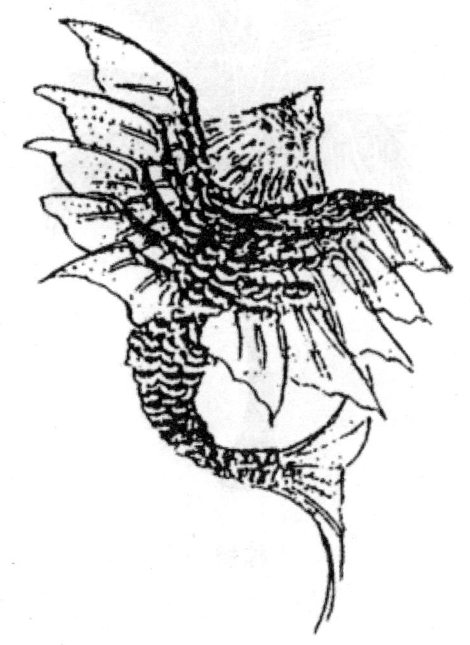

鳛鳛鱼　清　汪绂图本

【注释】

①涿光之山：涿光山，可能是天可汗岭西南及其以下南行各分支山岭的总称。

②嚻水：水名，今阿克苏河。

③鰼鰼（xí）之鱼：鰼鰼鱼，传说中的一种鱼。

④瘅：同"疸"，黄疸病。

⑤棕：棕榈。橿（jiāng）：木名。古时用作造车的材料。

⑥蕃：鸟名。

棕榈

【译文】

再向北三百五十里有座山，名叫涿光山。嚻水发源于这座

山，向西流入黄河。水中有许多鳛鳛鱼，形状像喜鹊，长着十只翅膀，鱼鳞均长在翅膀的前端，这种鱼发出的声音与喜鹊的叫声相似，人们可以用它来防火，吃了它的肉就不会患黄疸病。山上长着很多松柏，山下有许多棕榈和橿树，山中的野兽多是羚羊，鸟类多是蕃鸟。

【原文】

3.6　又北三百八十里，曰虢山[①]，其上多漆[②]，其下多桐椐[③]。其阳多玉，其阴多铁。伊水出焉，西流注于河。其兽多橐驼[④]，其鸟多寓，状如鼠而鸟翼，其音如羊，可以御兵[⑤]。

寓鸟

【注释】

①虢（guó）山：山名。一说在今新疆境内；一说在今内蒙古境内。

②漆：漆树。

③桐：桐树。椐（jū）：古书上说的一种树，又叫灵寿木。

④橐（tuó）驼：骆驼。

⑤兵：兵器。

寓鸟　明　蒋应镐绘图本

【译文】

再往北三百八十里有座山，名叫虢山，山上长着很多漆树，山下长有许多桐树和椐树，山的南面有许多玉，北面有许多铁。

伊水发源于豲山，向西流入黄河。山中的野兽多是骆驼，鸟类多是寓鸟，这种鸟的形状与老鼠相似，长着鸟一样的翅膀，发出的声音像羊的叫声，人们可用它来防御兵器的伤害。

【原文】

3.7　又北四百里，至于豲山之尾，其上多玉而无石。鱼水出焉[1]，西流注于河，其中多文贝。

【注释】

①鱼水：水名，今伯什克勒克河。

【译文】

再向北四百里，就到了豲山的尾端，山上有很多玉，没有石头。鱼水发源于此，向西流入黄河，水中有很多带有纹理的贝。

【原文】

3.8　又北二百里，曰丹熏之山[1]，其上多樗柏[2]，其草多韭薤[3]，多丹雘[4]。熏水出焉[5]，而西流注于棠水[6]。有兽焉，其状如鼠，而菟首麋身[7]，其音如獆犬[8]，以其尾飞，名曰耳鼠[9]，食之不睬[10]，又可以御百毒。

【注释】

①丹熏之山：丹熏山。一说在今内蒙古境内；一说在今新疆境内。

②樗（chū）：臭椿树。

③薤（xiè）：一种野菜，草本植物。

④丹雘（huò）：可做颜料，红色的矿物。

⑤熏水：水名，注入今新疆草湖的河流。

⑥棠水：水名，今新疆境内库尔楚草湖或哈拉里克草湖。

⑦菟（tù）：通"兔"，兔子。麋身：一作"麋耳"。

⑧獋（háo）：野兽吼叫。

⑨耳鼠：鼯鼠。

⑩脴（cǎi）：大腹，这里指肚子胀大的病。

耳鼠

耳鼠　清　汪绂图本

【译文】

再往北二百里有座山，名叫丹熏山，山上有很多臭椿树和柏树，山中的草多为韭菜和薤菜，山中还有很多可用作颜料的丹雘。熏水发源于此，向西流入棠水。山中有一种野兽，它的形状似老鼠，长着兔子一样的脑袋，麋鹿一样的身体，发出的声音与狗的吠声相似，凭借（自己的）尾巴飞行，这种兽名叫耳鼠，人吃了它的肉，可以治疗肚子胀大的病，还可以抵御百毒侵害。

【原文】

3.9　又北二百八十里，曰石者之山①，其上无草木，多瑶、碧②。泚水出焉③，西流注于河。有兽焉，其状如豹而文题白身④，名曰孟极，是善伏，其鸣自呼。

【注释】

①石者之山：石者山，今库尔泰山。

②瑶：美玉。碧：青绿色的玉石。

③泚（zǐ）水：水名，今新疆库尔勒市的孔雀河。

④题：额头。

孟极

孟极　清　汪绂图本

【译文】

再往北二百八十里有座山，名叫石者山，山上不长草木，有很多美玉和青绿色的石头。泚水发源于此，向西流入黄河。山中有一种野兽，形状如豹，额头上有花纹，周身都是白色的，它的名字叫孟极，这种兽善于潜伏隐藏，它发出的叫声像是在喊自己的名字。

【原文】

3.10　又北百一十里，曰边春之山^①，多葱、葵、韭、桃、李。杠水出焉，而西流注于泑泽。有兽焉，其状如禺而文身^②，善笑，见人则卧，名曰幽鴳^③，其鸣自呼。

【注释】

①边春之山：边春山，属葱岭的一部分。

②禺：猴类，似猕猴而较大。

③幽鴳（è）：传说中的一种兽。

幽鴳

幽鴳　清　汪绂图本

【译文】

再往北一百一十里有座山，名叫边春山，山上有很多葱、葵、韭菜、桃树、李树。杠水发源于边春山，向西流入泑泽。山中有一种野兽，形状与猕猴相似，身上有花纹，常常发出笑声，看见人就卧倒在地，这种兽名叫幽鹑，它的叫声像是在自呼其名。

【原文】

3.11　又北二百里，曰蔓联之山①，其上无草木。有兽焉，其状如禺而有鬣②，牛尾、文臂、马蹄，见人则呼，名曰足訾③，其鸣自呼。有鸟焉，群居而朋飞④，其毛如雌雉⑤，名曰䴗⑥，其鸣自呼，食之已风⑦。

【注释】

①蔓联之山：蔓联山。一说在今内蒙古境内；一说是珠勒都斯山。

②鬣（liè）：兽类颈上的长毛。

③足訾（zī）：传说中的一种兽。

④朋：并列、并排。

⑤毛：一作"尾"。雉：野鸡。

⑥䴗（jiāo）：鸟名。一说是鸤鸠的一种。

⑦已：治愈。风：指中风、痛风等。

足訾

足訾

【译文】

再往北二百里有座山，名叫蔓联山，山上不长草木。山中
有一种野兽，形状像猕猴，颈部长有长毛，有牛一样的尾巴，

前肢有花纹，（还）有马一样的蹄子，它看见人就会呼叫，这种兽名字叫足訾，它的叫声像是在喊自己的名字。山中有一种鸟，（它们）成群栖息、结队飞行，身上的毛与雌野鸡相似，这种鸟名为𪃎。它的叫声像是在自呼其名，人吃了它的肉可以治疗中风、痛风等病症。

	《山海经》中名称	今　考
山海经地理古今考	涿光之山	可能指天可汗岭西南及以下南行各分支山岭的总称
	虢　山	一说在今内蒙古境内；一说在今新疆境内，为拜城的北山
	丹熏之山	一说在今内蒙古境内；一说指今新疆境内的红石磊山
	边春之山	今葱岭的一部分
	蔓联之山	一说是珠勒都斯山；一说在今内蒙古境内

【原文】

3.12　又北百八十里，曰单张之山①，其上无草木。有兽焉，其状如豹而长尾，人首而牛耳，一目，名曰诸犍②，善咤③，行则衔其尾，居则蟠其尾④。有鸟焉，其状如雉⑤，而文首、白翼、黄足，名曰白鵺⑥，食之已嗌痛⑦，可以已瘈⑧。栎水出焉⑨，而南流注于杠水。

【注释】

①单张之山：单张山。一说在今内蒙古境内；一说在今新疆境内。

②诸犍（jiān）：传说中的一种兽。

③咤（zhà）：发怒时大声叫喊。

④蟠（pán）：环绕。

⑤雉：野鸡。

⑥白鵺（yè）：传说中的一种鸟。

⑦已：治愈。嗌（ài）：咽喉阻塞。

⑧瘈（chì）：癫狂病。

⑨栎（lì）水：水名。

【译文】

再往北一百八十里有座山，名叫单张山，山上不长草木。山中有一种野兽，身形似豹，长着长长的尾巴，人一样的脑袋，牛一样的耳朵，只有一只眼睛，名字叫做诸犍，它常常大声吼叫。它行走时用嘴衔着尾巴，睡觉时就将尾巴盘曲起来。山中有一种鸟，形状似野鸡，头上有花纹，长着白色的翅膀、黄色的脚，这种鸟名叫白鵺，人吃了它的肉，可以治疗咽喉肿痛，还可以治疗癫狂症。栎水发源于此，向南流入杠水。

诸犍

诸犍　明　胡文焕图本

【原文】

3.13　又北三百二十里，曰灌题之山[1]，其上多樗柘[2]，其下多流沙，多砥[3]。有兽焉，其状如牛而白尾，其音如訆[4]，名曰那父。有鸟焉，其状如雌雉而人面[5]，见人则跃，名曰竦斯，其鸣自呼也。匠韩之水出焉[6]，而西流注于泑泽[7]，其中多磁石。

【注释】

①灌题之山：灌题山，今天格尔山。

②樗（chū）：臭椿树。柘（zhè）：柘树。

③砥：细的磨刀石。

④訆（jiào）：大声呼唤。

⑤雉：野鸡。

⑥匠韩之水：匠韩水，今巴伦哈布齐垓河。

⑦泑（yōu）泽：水名。一说指今新疆的罗布泊。

樗

柘木

【译文】

再往北三百二十里有座山，名叫灌题山，山上生长着许多臭椿树和柘树，山下有很多流沙，还有很多细磨刀石。山中有一种野兽，形状似牛，长着白色的尾巴，它的叫声如同人在大喊，这种兽名叫那父。山中有一种鸟，形状似雌野鸡，长着人一样的脸，见到人就跳跃，它的名字叫做竦斯，它的叫声像是在自呼其名。匠韩水发源于此，向西流入泑泽，水中有很多磁石。

竦斯

【原文】

3.14　又北二百里，曰潘侯之山①，其上多松柏，其下多榛楛②，其阳多玉，其阴多铁。有兽焉，其状如牛，而四节生毛③，名曰旄牛④。边水出焉⑤，而南流注于栎泽⑥。

【注释】

①潘侯之山：潘侯山。一说是今新疆境内的罗格多山。

②榛（zhēn）：落叶灌木或小乔木，结球形坚果，称"榛子"。楛（hù）：古书上指荆一类的植物。

③四节：四肢关节。

④旄（máo）牛：牦牛。

⑤边水：水名，今新疆哈密的白杨河。

⑥栎（lì）泽：水名，今吐鲁番觉罗浣。

牦牛

【译文】

再往北二百里有座山，名叫潘侯山，山上生长着许多松柏，山下生长着许多榛树和楛树，山的南面有许多玉，北面有许多铁。山中有一种野兽，形状似牛，四条腿的关节部位均长着毛，这种兽名叫牦牛。边水发源于这座山，向南流入栎泽。

【原文】

3.15　又北二百三十里，曰小咸之山[①]，无草木，冬夏有雪。

【注释】

①小咸之山：小咸山，在今新疆境内。

【译文】

再往北二百三十里有座山，名叫小咸山，山上不长草木，冬天、夏天都会下雪。

【原文】

3.16　北二百八十里，日大咸之山①，无草木，其下多玉。是山也，四方，不可以上。有蛇名曰长蛇，其毛如彘豪②，其音如鼓柝③。

【注释】

①大咸之山：大咸山。一说在今新疆哈密附近。

②彘（zhì）：猪。豪：毛。

③鼓：敲击。柝（tuò）：打更用的梆子。

彘

长蛇

长蛇　明　蒋应镐绘图本

【译文】

向北二百八十里有座山，名叫大咸山，山上不长草木，山下有很多玉。此山呈四方形，人不能攀登上去。山中有一种名叫长蛇的蛇，它身上的毛像猪毛一样，叫声像是在敲击打更用的梆子。

【原文】

3.17　又北三百二十里，曰敦薨之山①，其上多棕、枏，其下多茈草②。敦薨之水出焉③，而西流注于泑泽。出于昆仑之东北隅④，实惟河原⑤。其中多赤鲑⑥。其兽多兕⑦、旄牛⑧，其鸟多鸤鸠⑨。

【注释】

①敦薨（hōng）之山：敦薨山，在今新疆境内。

②茈草：紫草。

③敦薨之水：敦薨水，今弱水。

④昆仑：古代的昆仑山，在今甘肃境内。

⑤河原：河水的源头。

⑥鲑（guī）：鱼名。一说即河豚。

⑦兕：一种类似犀牛的动物。

⑧旄牛：牦牛。

⑨鸤（shī）鸠：指布谷鸟。

紫草

新疆昆仑山

布谷鸟

【译文】

再往北三百二十里有座山，名叫敦薨山，山上长着很多棕桐和楠木，山下长着着许多紫草。敦薨水发源于此山，向西流入泑泽。（敦薨水）由昆仑山的东北角流出，它其实是河水的源头。水中有很多红色的鲑鱼。山中的野兽多为兕、牦牛，鸟类大多为鸤鸠。

【原文】

3.18　又北二百里，曰少咸之山[1]，无草木，多青碧[2]。有兽焉，其状如牛而赤身、人面、马足，名曰窫窳[3]，其音如婴儿，是食人。敦水出焉[4]，东流注于雁门之水[5]，其中多𩺡𩺡之鱼[6]，食之杀人。

【注释】

①少咸之山：少咸山，山名。一说是库库推穆尔河；一说

窫窳

是今山西大同、阳高二县界上的采凉山。

②青碧：青色的玉石。

③窫（yà）窳（yǔ）：猰貐。传说中的一种兽。

④敦水：水名，为注入居延海的河流。

⑤雁门之水：今山西代县的南洋河。

⑥鲈（pèi）鲈：江豚。

窫窳　清　汪绂图本

【译文】

再向北二百里有座山，名叫少咸山，山中不长草木，有很多青色的玉石。山中有一种野兽，它形状似牛，长着红色的身子，人一样的脸，马一样的脚，这种兽名叫猲狙，叫声像婴儿的啼哭声，能吃人。敦水发源于少咸山，向东流入雁门水，水中有很多江豚，人吃了它的肉就会被毒死。

【窫窳】

窫窳原本是天神，是烛龙的儿子，性情老实善良，后来被天神贰负所杀。天帝不忍看烛龙伤心，就用不死药将窫窳救活了。岂料，它复活后变成了一个性格凶残、专吃人类的恶兽，后来帝尧便命令后羿用箭将它射死了。

【原文】

3.19　又北二百里，日狱法之山①。滱泽之水出焉②，而东北流注于泰泽③。其中多鳛鱼④，其状如鲤而鸡足，食之已疣⑤。有兽焉，其状如犬而人面，善投，见人则笑，其名山狸⑥，其行如风，见则天下大风。

【注释】

①狱法之山：狱法山。一说在今内蒙古境内 。

②瀤（huái）泽之水：瀤泽水。一说是今注入贝加尔湖的色楞格河；一说是今注入内蒙古岱海的一条河。

③泰泽：水名。一说指今内蒙古凉城县东的岱海；一说是今贝加尔湖。

④鰈（zǎo）鱼：传说中的一种鱼。

⑤疣（yóu）：瘊子。

⑥山狉（huī）：传说中的一种兽。

山狉

【译文】

再往北二百里有座山，名叫狱法山。瀤泽发源于此，向东北流入泰泽。水中有很多鰈鱼，这种鱼形状像鲤鱼，却长着鸡一样的爪子，人们吃了它的肉可以治疗瘊子。山中有一种野兽，形状似狗，长着人一样的脸，擅长投掷，一看见人就会笑，名字叫山狉，这种兽行动迅捷如风。它只要一出现，天下就会起刮大风。

鲢鱼

山海经动物古今考	《山海经》中名称	今　考
	鲑	河　豚
	鸤　鸠	布谷鸟

【原文】

3.20　又北二百里，曰北岳之山①，多枳、棘、刚木②。有兽焉，其状如牛而四角、人目、彘耳，其名曰诸怀，其音如鸣雁，是食人。诸怀之水出焉，而西流注于嚣水③，其中多鮨鱼④，鱼身而犬首，其音如婴儿，食之已狂⑤。

枳

棘

【注释】

①北岳之山：北岳山。一说在今内蒙古境内；一说是阿尔泰山中的山峰。

②枳（zhǐ）：枸橘。棘：即酸枣树。刚木：木质坚硬的树，如柘、檀等。

③嚻水：水名，所指待考。

④鮨（yì）鱼：鱼名，外形与娃娃鱼相似。

⑤狂：癫狂病。

诸怀

【译文】

再往北二百里有座山，名叫北岳山。山上长着很多枳木、棘木和木质坚硬的树木。山中有一种野兽，形状似牛，长着四只角、人一样的眼睛、猪一样的耳朵，这种兽名叫诸怀，它发出的声音像大雁的鸣叫声，会吃人。诸怀水发源于此，向西流入嚣水，水中有很多鮨鱼，这种鱼长着鱼的身子，狗一样的脑袋，发出的声音如婴儿的啼哭声，吃了它的肉可以治疗癫狂症。

鮨鱼

	《山海经》中名称	今　考
山海经 地　理 古今考	少咸之山	一说是今库库推穆山；一说是今大同、阳高二县界上的采凉山
	狱法之山	指今蒙古国中部的杭爱山
	北岳之山	一说指今内蒙古四子王旗西南的大青山；一说是阿尔泰山中的山峰

【原文】

3.21　又北百八十里，曰浑夕之山[①]，无草木，多铜玉。嚣水出焉，而西北流注于海[②]。有蛇一首两身，名曰肥遗，见则其国大旱。

肥遗

【注释】

①浑夕之山：浑夕山。今阿尔泰山中的布鲁哈山。

②海：指今北冰洋的喀拉海。

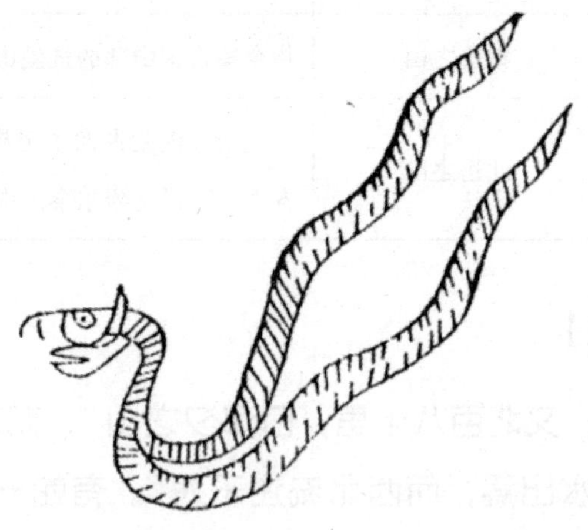

肥遗

【译文】

再往北一百八十里有座山，名叫浑夕山，山中不长草木，有很多铜和玉。嚣水发源于此，向西北流入大海。山里有一种蛇，长着一个脑袋两个身子，名字叫做肥遗，它在哪个国家出现，哪个国家就会发生旱灾。

【原文】

3.22　又北五十里，曰北单之山①，无草木，多葱韭。

【注释】

①北单之山：北单山。一说在今内蒙古境内。

【译文】

再往北五十里有座山，名叫北单山，山中不长草木，长着很多葱和韭菜。

【原文】

3.23　又北百里，曰罴差之山①，无草木，多马。

【注释】

①罴差之山：罴差山。在今内蒙古境内。

【译文】

再往北一百里有座山，名叫罴差山，山里不长草木，有许多马。

山海经地理古今考	《山海经》中名称	今 考
	浑夕之山	今阿尔泰山中的布鲁哈山，是伊尔齐河的源头
	北单之山	今蒙古境内的赛留格穆山
	罴差之山	今内蒙古境内的唐努乌梁拉山

【原文】

3.24　又北百八十里，曰北鲜之山[1]，是多马。鲜水出焉[2]，而西北流注于涂吾之水[3]。

【注释】

①北鲜之山：北鲜山，在今内蒙古境内。

②鲜水：水名，今乌鲁克穆河或喀孜尔河。

③涂吾之水：涂吾水，今中西伯利亚高原西侧的叶尼塞河。

【译文】

再往北一百八十里有座山，名叫北鲜山，山中有很多马。鲜水由此处发源，向西北流入涂吾水。

【原文】

3.25　又北百七十里，曰隄山①，多马。有兽焉，其状如豹而文首，名曰狕②。隄水出焉③，而东流注于泰泽④，其中多龙龟⑤。

【注释】

①隄山：山名。一说指今西伯利亚的屯金山。

②狕：兽名。

③隄水：水名。

④泰泽：水名。一说今贝加尔湖。

⑤龙龟：一说指龙和龟；一说指一种大龟。

狕

【译文】

再往北一百七十里有座山，名叫隄山，山里有很多马。山中有一种野兽，形状似豹，脑袋上长有花纹，这种兽名叫狕。隄水发源于此山，向东流入泰泽，水中有很多龙龟。

狕　清　汪绂图本

狕　明　蒋应镐绘图本

山海经地理古今考	《山海经》中名称	今　考
	北鲜之山	今内蒙古境内的萨彦岭
	隄　山	指今西伯利亚的屯金山
	泰　泽	今贝加尔湖

【原文】

3.26　凡北山经之首，自单狐之山至于隄山，凡二十五山，五千四百九十里。其神皆人面蛇身。其祠之：毛用一雄鸡、彘瘗①，吉玉用一珪②，瘗而不糈。其山北人皆生食不火之物。

【注释】

①毛：用于祭祀的带毛的动物。彘：猪。瘗（yì）：埋葬。

②吉玉：彩色的玉。珪：古代祭祀时用的条状玉器，上尖下方。

人面蛇身神

人面蛇身神　清　汪绂图本

【译文】

总计北山一经中的山，从首座山单狐山起到隄山止，总共二十五座山，距离为五千四百九十里。这些山的山神都是人面蛇身。祭祀这些山神的仪式为：把一只雄鸡和一头猪当作祭祀用的带毛的动物，把它们和一块彩色的玉埋入地下，祭祀时不用精米。住在山北面的人，都生吃未经用火烧煮过的食物。

隄山